Nana Nauwald - Bruno Martin

Weisheit
Wie sie unser Leben bereichern kann

AF138681

Bruno Martin, geb. 1946, leitet seit vier Jahrzehnten Seminare mit dem Ziel der harmonischen Entwicklung des Menschen. Intensive Lehr- und Wanderjahre in vielfältigen geistigen Welten haben ihn dazu angeregt, in seiner Arbeit die ebenso vielfältigen Zugänge zur Entfaltung von Bewusstsein und Kreativität durch wissenschaftliche Erkenntnisse und spirituelle Methoden verschiedener Traditionen zu verbinden. Er ist Autor mehrerer Bücher über die harmonische Entfaltung des Menschen und die Evolution des Bewusstseins, siehe:

www.brunomartin.de   www.gurdjieff-work.de

Nana Nauwald, geb. 1947. Künstlerin, Autorin, Dozentin für Rituale der Wahrnehmung. Sie erforscht seit 32 Jahren schamanische Bewusstseinswelten (Südamerika, Sibirien, Nepal). Sie inspiriert in Seminaren und Vorträgen zu einem dem heutigen Leben entsprechenden kreativen Wirken durch im Schamanismus wurzelnde Methoden und Rituale. In ihren farbenstarken Gemälden finden die Erfahrungen und Einsichten in die Vielfältigkeit des Bewusstseinsfeldes einen tiefen Ausdruck.

Sie ist Autorin mehrerer Bücher mit den Schwerpunkten Wahrnehmung, Naturerfahrung, Schamanismus, siehe:

www.visionary-art.de   www.ekstatische-trance.de
www.feuerfrau.de

Die Autoren gehen seit 25 Jahren einen gemeinsamen Lebensweg.

Nana Nauwald - Bruno Martin

Weisheit
Wie sie unser Leben bereichern kann

Herstellung und Verlag:
BoD – Books on Demand, Norderstedt

ISBN: 9783738602180

Inhalt

Jugend schützt vor Weisheit nicht ...
Eine Vorbesinnung

Oh ja - auch wir waren einmal jung...

Wir waren rebellisch gegenüber den tradierten Gesellschaftsordnungen und sicherlich waren wir auch manchmal "töricht" - wobei zu bemerken ist, dass es der "Tor" oder der „heilige Narr" ist, der in vielen alten Lebensordnungen der "Weise" war. Bei vielen spirituellen Lehren spielte die „Heilige Verrücktheit" oder „verrückte Weisheit" immer eine wichtige Rolle bei der Erneuerung erstarrter Traditionen.[1]

Und so betrachtet waren wir in unseren Vorstellungen und Handlungen oft sehr weise - auch ohne die Lebenserfahrung und ohne das "Wissen", über das wir heute, im Spätsommer unseres Lebens, verfügen. Mit einem vergnügten Lächeln denken wir heute an unsere Zeit in den diversen Kommunen, eine Zeit der Freizügigkeit im Erfahren von Körper, Sinnen und Geist. In Gemeinschaft leben, Teilen und Tauschen war uns in diesem Lebenszusammenhang selbstverständlich. Wenn auch etwas verwundert über die Langsamkeit, mit der dieses nicht nur ökologisch heilsame Lebenskonzept in die gesellschaftliche Wirklichkeit aufgenommen wurde, freuen wir uns

---

[1] Siehe Kapitel „Verrückte Weisheit", S. 75

über das Wiedererwachen dieser "alten" Werte: Leben in Gemeinschaftsprojekten, Mehrgenerationen-Haus, "sharing" als neues Lebensmotto, das Mundraub-Projekt, das Hinweise auf ungenutzte Obstbäume und andere Pflanzen in ganz Deutschland gibt. Warum müssen wir Äpfel aus Neuseeland einführen, wenn es bei Berlin sogar Apfel-Alleen gibt, die nicht geerntet werden?

Im Rückblick auf unser junges, "wild-weises" Leben erscheint es uns so, dass die Erfahrungen, die wir als junge Menschen durch unser "Tun" gemacht haben, einen entscheidenden Grundstein für die Möglichkeit der Erreichung einer "Alters-Weisheit" gelegt haben.

Ganz ausschließen können wir es nicht, das die "Weisheit des Alters" eine Mythe ist, die sich bemüht, dem in unserer Gesellschaft nicht sehr angesehenem Lebensabschnitt "Alter" wenigstens die positive Eigenschaft von Weisheit zuzuschreiben.

Es ist auch sehr lebenserleichternd, nicht immer weise sein zu müssen, nur weil Mann oder Frau alt geworden ist, denn auch Alter schützt nicht vor Un-Weisheit. Wäre das so, sähe unsere Welt anders aus.

Immerhin: Die weltweiten, kreativen Aktionen junger Menschen in Bezug auf Ökologie, Technik, Gesellschaft und Spiritualität erzählen auch, dass dennoch "etwas" in unserer heutigen Welt in Bewegung ist, neue Impulse, die bewirken können, die Welt "anders" im Sinne von "lebensfreundlicher für alle Lebewesen" werden zu lassen.

Staunend und voller Respekt nehmen wir diese "Weisheit der Jugend" wahr - und sind uns noch einmal mit verändertem Blick unserer eigenen Jugend und unseres gemeinsamen Lebensweges bewusst:

Wir, Nana Nauwald und Bruno Martin, haben ähnliche und parallele Erfahrungen in unserer Jugend und im Erwachsenenalter gemacht.

Die sechziger Jahre des 20. Jh. waren geprägt durch das Erwachen der Jugend aus der Dummheit der Kriege der vorherigen Generationen. Wir wollten eine andere Lebens-Weise, eine friedliche, eine solidarische, eine ökologische – und vor allem: "Nie wieder Krieg!" Wir studierten, lasen viele Zeitungen und Bücher, engagierten uns in der alternativen Politik, nahmen an endlosen Diskussionsrunden und Demos teil. Wir versuchten, uns selbst zu erkennen und unser Bewusstsein zu erforschen - nicht nur durch Meditation, sondern auch mit heute verpönten psychoaktiven Substanzen, die in den 68er Jahren kursierten. So füllten wir unseren Lebens-Erfahrungs-Korb mit vielfarbigem Wissen und Erfahrungen. Waren wir bei all diesen Aktivitäten "töricht" oder waren wir schon auf dem Weg zur

Weisheit, ohne uns dabei viele Gedanken über Weisheit gemacht zu haben? Auf jeden Fall hat beides für uns dazu beigetragen, auf die Spurensuche nach dem Sinn des Lebens zu gehen - eine der Voraussetzungen für ein weises Leben, was wir in diesem Buch versuchen in vielen anregenden Aspekten aufzuzeigen.

Die ökonomischen Lebensumstände, freiberufliche Arbeit, künstlerische Arbeit, die Partnerschaften und Kinder, die in unser Leben traten, die spirituellen Vorstellungen, die unser Leben bereicherten - alle diese Lebenssituationen ließen uns in nicht immer sehr ausgewogenen Zickzacklinien innerlich wachsen. Manchmal handelten wir weise, manchmal nicht, aber immer war die Sinnsuche ein tragendes Element unseres Handelns.

Es ist kaum möglich, in jeder Situation weise zu handeln. Es ist auch kaum möglich, immer aufmerksam und bewusst zu sein. Aber immer gibt es Gelegenheiten, „aufzuwachen" und das eigene Leben mit wachem Geist zu führen. Auch das geht nicht ohne innere Arbeit. Bewusstsein kommt nicht automatisch zu uns, es wächst durch lebenslanges Lernen, innerlich wie äußerlich.

All die Lebenslehrerinnen und Lebenslehrer beschreiben, die uns zum Lernen herausgefordert haben, würde diese kleine Vorbesinnung zu einem neuen Buch wachsen lassen. Es ist letztlich auch mit den weisesten Lehrerinnen und Lehrern das eigene Leben, das die wesentlichste Lehrmeisterin ist – vorausgesetzt, wir arbeiten an bewusster Wachheit. Ohne die vielen Impulse von anderen Menschen wären wir sicherlich nicht zu der Zwischenetappe unseres Lebens gekommen, an dem wir sagen können, dass eine gewisse „Weisheitsfähigkeit" in uns gewachsen ist. Weisheit besteht aus einem vielfältigen Geflecht an Eigenschaften einer oder eines "Weisen" - und erfordert ein bewusstes, lebenslanges "Training" und ist kein "esoterisches Gespinst."

Diese Erkenntnis hat unser Leben geprägt und dazu befähigt, in Seminaren und durch unsere Bücher Menschen zum Erfahren eigener Erkenntnisse zu inspirieren. So möchten wir auch über dieses kleine Buch dazu anregen, die eigene innere Weisheit zu suchen und zu leben - zum eigenen Wohl-Sein und dem Wohl-Sein anderer Menschen und Wesen.

Nana Nauwald und Bruno Martin,
im Spätsommer 2014

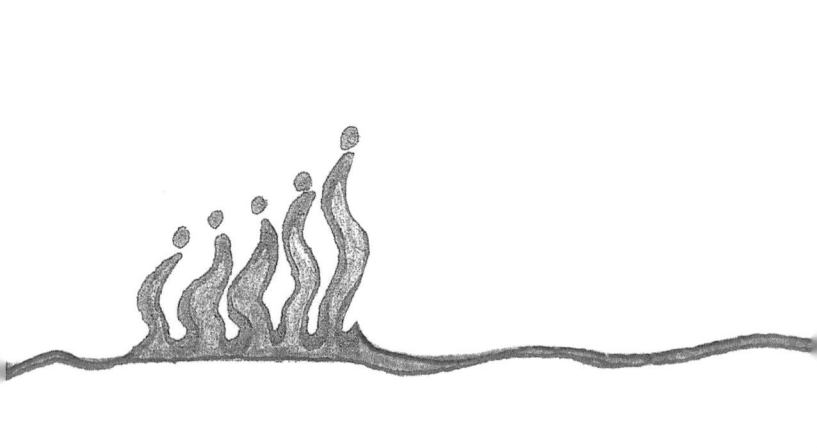

Die Weisheit der Eule

"Ich habe auf meinen Reisen die halbe Welt gesehen und bin reicher an Erfahrung als alle Vögel", sprach die Schwalbe zur Eule.
"Wie kommt es, dass man deine Weisheit rühmt, obwohl du im Dunkeln sitzest und kaum deinen Felsen verlässt?"
„Ich sehe am schärfsten mit geschlossenen Augen und meine Gedanken reichen weiter als deine Flügel!", antwortete die Eule.

Fabel

Zahlreich sind die Mythen über den Nachtblick der Eule, aber tatsächlich sieht sie im Dunkeln genauso schlecht wie der Mensch. Doch sie hat uns eine erstaunliche Fähigkeit voraus: sie "sieht" durch ihr Gehör! Im ihr bekannten Terrain fliegt sie im Dunklen nach Gehör und kann sogar im Stockfinstern noch millimetergenau ihre Lieblingsbeute, die Mäuse, packen. Der Beutegreifer hört genau in dem Frequenzbereich, der für seine erfolgreiche Jagd wichtig ist: er umfasst die Geräusche von 10.000 Hertz, in dem Mäuse rascheln und quieken. Zu dieser Fähigkeit kommen noch zwei wichtige Eulen-Qualitäten: Geduld und Aufmerksamkeit! So sitzen sie oft lange still lauschend in der Dunkelheit und fliegen erst los, wenn sie die ihrer Beute entsprechenden Geräusche wahrnehmen.

Warum sind Eulen zu einem Sinnbild für Weisheit geworden? Weil sie bis zu sechzig Jahre alt werden können - ein Vielfaches der meisten Singvögel - und Alter oft mit Weisheit gleichgesetzt wird? Oder weil ihre von einem Federkranz umgebenden Augen an eine Brille erinnern, der Brille eines über einem Buch hockenden Gelehrten? Auf jeden Fall ist es ein kluger Einfall der Autorin gewesen, Harry Potter mit einer Eulenbrille zu versehen, um ihm so leicht erkennbar als "klug" zu kennzeichnen. Die griechische Göttin Athene hat zwar keine Brille getragen, war aber die Göttin der Weisheit, die als Weisheitsvogel die Eule erwählte.

In jüngster Zeit wird in den Medien oft von der "Weisheit der Vielen" gesprochen. Damit ist gemeint, dass die auf ein gemeinsames Thema bezogene Zusammenarbeit von Menschen in Gruppen zu Erkenntnissen oder Entscheidungen führen kann, die oft effektiver und kreativer sind als die Lösungsansätze eines Einzelnen. Doch leider ist nicht jede Versammlung von Menschen weise. Das Herdenverhalten von Menschen, die einem Anführer oder einem Mainstream folgen, sich ihm unterordnen und dabei ihr eigenes Denken und Wissen zurückstellen, ist ein Beispiel für die "Nicht-Weisheit" von Menschenversammlungen.

Nicht nur die Weisheit der Eule, sondern auch die "Weisheit des Alters" ist eine Mythe, denn leider ist auch „Alter" kein Garant für Weisheit. Wäre das so, sähe unsere Welt anders aus. Doch es gibt sie, die "alten Weisen", und von diesen können wir lernen.

Sicherlich ist es auch so, dass mit zunehmendem Alter auch das Wissen zunimmt und vor allem das auf Erfahrung im persönlichen Lebensumfeld beruhende Wissen.

Doch Wissen ist nicht gleichzusetzen mit Weisheit. Es ist im Gegenteil so, dass es ein Merkmal von Weisheit ist, dass sie sich nicht durch "Wissen" kennzeichnet.

Und dennoch ist ein Lernen erforderlich, um Weisheit zu erlangen. Dieses Lernen kennzeichnet sich durch die Sensibilisierung und Stärkung der Fähigkeiten zur bewussten Wahrnehmung und bewusster Aufmerksamkeit für die verborgenen Zusammenhänge hinter den ersichtlichen und erklärbaren Zusammenhängen von Leben.

Weisheit ist eine Qualität des tiefen Erkennens und der direkten Einsicht in das feine Klanggewebe des Geistes der ersten Schöpfungsschwingungen. In Salomos Sprüchen im Alten Testament steht ein Absatz (8, 22-31), in dem die Weisheit von sich selbst berichtet: "Sie war beim Schöpfer, als die Welt erschaffen wurde, von Freude erfüllt über sein Werk, sie sah ihn Himmel und Erde formen, entzückt vor ihm spielend und blieb schließlich, um bei den Menschen zu verweilen."

Welch eine berührende Vorstellung, dass die Weisheit aus Freude heraus bei uns Menschen geblieben ist und uns mit ihrer Freude erfüllen will!

Weisheit ist in diesem Sinne eine intelligente Schöpfungskraft, die nicht nur die Erschaffung der Welt beflügelt hat, sondern die uns Menschen zu einem kreativen, mit Freude erfüllten Dasein beflügeln kann.

Wie können wir in Verbindung kommen mit dieser universalen Weisheit?

Wie können wir aus dieser Verbindung heraus Erkenntnisse für unser Leben schöpfen und vielleicht sogar in den Zustand von Weisheit gelangen, weise werden?

Dieser Wunsch nach dem Erlangen von Weisheit ist sicherlich der Ausgangspunkt für die Suche nach Weisheit. Doch der Wunsch nach etwas reicht zur Erfüllung des Wunsches nicht aus. Es ist notwendig, bewusst nach dieser Erfüllung zu streben, also etwas zu *tun*. Die ersten Schritte dieses Tuns sollten dahin führen, die eigene Empfänglichkeit für die Erkenntnis von geist-vollen Eingebungen und Einsichten zu schulen, um sich mit der in ihnen verborgenen geistigen Kraft der Weisheit zu verbinden und sie in unser Leben einzuweben. So bereiten wir den Boden vor, aus dem heraus sich "Wünsche" realisieren können.

Die Herausforderungen des alltäglichen Lebens - Leistungsdruck, Stress, Geldprobleme, Beziehungsprobleme und vieles mehr - blockieren oft den Zugang zum Erkennen und Verstehen dessen, was wir "eigentlich wissen", was wir erahnen aber nicht beachten, weil es zur Zeit nicht in das persönliche Leben zu passen scheint. Will ich es aber doch wissen, dem *Erahnen* nachgehen, kann es hilfreich sein, die "Schleier der Ahnung" zu lüften mit den Qualitäten einer Schleier-Eule: in die Stille gehen, sich zu konzentrieren, achtsam zu sein, die Wahrnehmung zu verändern, zu schärfen und zu weiten und aufmerksam in das im inneren Dunkel Verborgene zu lauschen, die Erkenntnisbeute wahrzunehmen und einzufangen. Diese "Beute" kann die tiefere Einsicht in die geistigen Wirkungen der kreativen Intelligenz sein, die unser Leben bereichern kann – jenseits des bloßen Überlebens, jenseits des Strebens nach Erfolg und Status.

Intelligenz bezeichnet von seiner ursprünglichen Bedeutung her das, was dazwischen liegt, dem Zwischenraum, der alle noch nicht erkannten Möglichkeiten in sich birgt. In diesem Sinne ist intelligentes Handeln ein weises Handeln und somit die beste Art, das Leben sinnvoll zu gestalten und glücklich zu sein.

In diesem Sinne ist auch die Eule weise, sie handelt intelligent im Rahmen der Möglichkeiten, die sie hat. Denn auch das ist intelligent: die Grenzen der eigenen Seins-Möglichkeiten zu erkennen, denn selbst die weiseste Eule kann nicht so hoch wie der Adler fliegen.

„Ganz im Geheimen sprachen der Weise und ich.
Ich bat ihn: Nenne mir die Geheimnisse der Welt.
Er sprach: Schweig ... und lass dir von der Stille
die Geheimnisse der Welt erzählen."
Dschalal ad-Din Rumi (1207-1273), Sufi-Mystiker,
in: Das Lied der Liebe

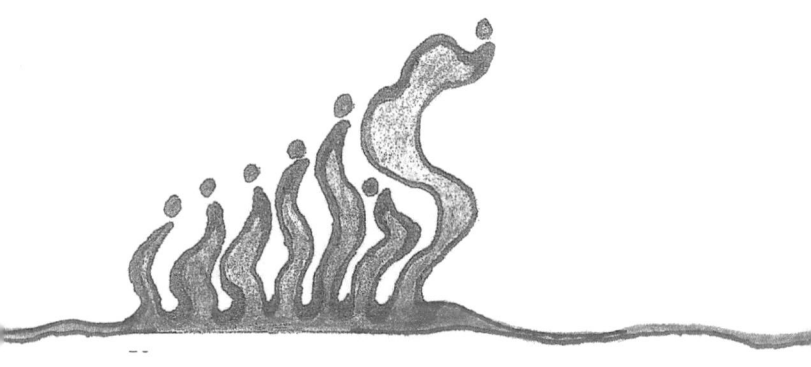

Eine Schatzkammer in uns

Ein einfacher Mann besuchte den Zenmeister Baso in China. „Was suchst du", fragte der ihn. „Erleuchtung", erwiderte der einfache Mann. „Du hast bereits eine eigene Schatzkammer, warum suchst du außerhalb?" fragte Baso. „Ich weiß nichts von meiner Schatzkammer, wo soll die denn sein?" „Du hast sie bereits in dir", sagte Baso. Der Mann erkannte seinen inneren Reichtum und empfahl bei jeder Gelegenheit allen Menschen, die er traf: „Öffnet eure eigene Schatzkammer und benutzt diese Schätze."

Zen-Geschichte

Lehrgeschichten dieser Art zielen immer auf eine Kernaussage hin. In dieser Geschichte ist es der Satz „Öffnet eure eigene Schatzkammer und benutzt diese Schätze." Welch eine Herausforderung, den Hinweis anzunehmen, dass ich eine innere Schatzkammer habe und in der Verantwortung dafür stehe, sie zu nutzen!

Was immer auch der Zenmeister damals und spirituelle Suchende heute unter Erleuchtung verstehen - es ist ein Aspekt von Weisheit, der Moment einer plötzlichen Einsicht in "etwas".

Doch der Zenmeister wäre kein Meister, wenn er außer den Hinweis auf den eigenen Weisheits-Schatz dem Suchenden nicht auch noch gesagt hätte: "Setze deine Erkenntnisse in deinem Leben um und folge nicht einfach irgendeiner fremden

Weisheit, die vielleicht gar nicht deine ist und nicht zu dir passt! Übernehme die eigene Verantwortung für dein Leben und deine Entscheidungen!"

Welch eine Verlockung: eine Wissens-Schatzkammer, gefüllt mit glitzernden Wissens-Juwelen! Wie kann ich den Wert der unterschiedlichen *Juwelen* erkennen, die Qualität und Eigenschaft der Informationen, die ein *Juwel* in sich birgt? Und wie weiß ich, wann und wie ich dieses Wissen verwenden kann, was in diesem Moment "richtig" ist?

Was für den einfachen Menschen ein Stein ist,
ist für den Wissenden eine Perle.
Dschalal ad-Din Rumi

Der Weise in dieser Geschichte hätte außer dem Hinweis auf die eigene innere Weisheit freundlicherweise doch auch eine „Arbeitsanleitung" geben können, wie ich in den Zustand der Erkenntnis kommen kann, und wie ich dann die gewonnene Erkenntnis sinnvoll nutzen kann.

Irgendwie hat er sie doch in seinen so knappen, aber klaren Hinweisen gegeben, indem er den Begriff der „Schatzkiste" verwendet. Stelle ich mir die Schatzkiste aus meinen Kindheits-Piratenträumen vor und lasse in meiner kindlichen Vorstellung tausende von glitzernde Steinen durch meine Finger rieseln - dann habe ich die Arbeitsanleitung des Zenmeisters gefunden. Genau so ist es mit dem Weg zur Weisheit, dem Weg der Erkenntnis: Dieser setzt sich aus vielfarbigen Steinchen unterschiedlicher Qualitäten zusammen. Wer sich in die mit allen Sinnen selbst erfahrenen *Wissens-Steinchen* vertieft, ihre Eigenheiten erkennt und so innere und auch äußere Arbeit leistet, der kann damit ein wunderbares Mosaik gestalten, dem eigenen Lebensweg Ausdruck und Sinn geben.

Doch es setzt sich nicht von allein zu einem dem eigenen Wesen entsprechendem harmonischen Lebensbild zusammen. Den Lebensweg "pflasternde" Steine aus der inneren Schatzkiste sind gekennzeichnet durch innere Ruhe und Gelassenheit, durch die tiefe innere Stille, die in regelmäßigen Zentrierungsübungen erfahren werden kann. Diese Stille ist nicht leicht zu erlangen - und oftmals ist sie auch nicht leicht zu ertragen! Dieser Zustand der inneren Stille ist nicht über einen Leistungsanspruch zu erreichen.

"Leistung" als Maßstab verhindert diesen erwünschten Zustand. Die Erfüllung eines Leistungsanspruchs, wie es geschehen kann wenn Meditation in ein volles Tagesprogramm beruflicher Herausforderungen gequetscht wird, ist eine Anspannung, die nicht in Stille führt. Es mag zwar sinnvoll sein, einmal im Wirbel der Aktivitäten innezuhalten und mehrmals tief durchzuatmen, doch wenn die Grundlagen nicht dauerhaft durch regelmäßige längere Übungen gelegt sind, reicht das nicht aus.

Leider macht man sich oft erst auf den Weg in die innere Stille, wenn man von den Wogen der inneren Unruhe, der Alltags-Hektik und Angespanntheit überrollt wird, wenn „die Luft ausgeht".

Äußere Entspannung ist eine gute Voraussetzung, um in den Zustand innerer Entspannung zu kommen - doch bietet sie keine Garantie dafür.

Im Liegestuhl am Pool eines Hotels zu ruhen ist sicherlich entspannend und wohltuend. Es kann jedoch sein, dass das Umfeld an Eindrücken so viele Attraktionen bietet, dass die Sinne nicht zur Ruhe kommen, dass die äußeren Eindrücke so intensiv *reden*, dass Stille keinen Raum findet um sich auszubreiten.

Als Kind habe ich mich mit meiner Schatzkiste, die aus einer wilden Sammlung von allem bestand, was mir gefiel, am liebsten in eine ruhige Ecke zurückgezogen.

So mache ich es heute immer noch, wenn ich mich in die Verbindung mit meiner inneren Schatzkammer zurückziehen möchte: ich suche mir einen äußeren Raum, in dem ich ungestört von Menschen und aufreizenden Eindrücken bin. Oft ist dieser Raum ein besonderer Platz in unserem Garten. Wo auch immer ich bemerke, dass ich innerlich verspannt bin, angestrengt, ausgelaugt -

ich suche mir eine ruhige Ecke dort, wo ich gerade bin. Fahre ich zum Beispiel im Zug, stelle ich mich im Gang ans Fenster, lasse meinen Blick *weich* werden, so dass er an nichts festhält, und beginne eine bewusste, ruhige Atmung. Dabei lasse ich den Atem durch alle Körperregionen streifen, fülle ihn mit der Absicht um Ruhe und Entspannung in jeder Zelle und sammle ihn zum Schluss der Übung in meinem Brustbereich mit dem Satz: "Ich bin".

Die große Herausforderung des Zenmeisters in Bezug auf die *Nutzung* der inneren Schatzkammer der eigenen Weisheit liegt darin, zu bemerken, dass ich nicht mehr in Verbindung damit bin.

Dieser Moment des *Bemerkens* ist ein Moment des inneren *Aufwachens* in meine Wirklichkeit der Nicht-Verbundenheit. Erst dann, wenn ich bewusst *bemerke*, habe ich die Möglichkeit, etwas zu ändern. Dann kann ich meinem Tun eine andere Richtung geben.

"Es sind nicht die äußeren Umstände, die das Leben verändern, sondern die inneren Veränderungen,
die sich im Leben äußern."
Wilma Thomalla

Erforschen Sie das Potential ihrer inneren Aufmerksamkeit, das *Bemerken*. Achten Sie einige Zeit lang bewusst auf den Zustand der inneren Stimmigkeit, der Übereinstimmung mit dem, was

Sie im Außen Tun. Je stärker Ihre Aufmerksamkeit auf das innere Wissen, einem der Juwelen in Ihrer Schatzkiste ist, desto bewusster sind Sie im Augenblick und im Zustand einer wachen Entscheidungs- und Handlungsfähigkeit.

Damit wir die für das Funktionieren von technischen Abläufen wichtige Dinge bemerken, haben die Ingenieure eine Vielzahl an Merk-Hilfsmitteln in die Autos eingebaut wie Piepser oder Sensoren, die mich an das erinnern, was ich nicht vergessen soll.

Bedauerlicherweise gibt es auf dem Erfahrungsweg mit dem Ziel, in wacher Verbindung mit dem eigenen inneren Wissen zu stehen, keinen automatisch reagierenden Piepser, der mich auf Unstimmigkeiten in meinem Lebensfeld hinweist.

Es sind meine Empfindungen, die mich spüren lassen, dass „etwas" nicht stimmt, nicht übereinstimmt mit mir. Bin ich im Zustand der Aufmerksamkeit auf die *Stimmigkeit* eines Moments, einer Begegnung, einer Handlung, dann ist meine Aufmerksamkeit mein Sensor, der mich erkennen lässt, was ist.

Sicherlich sind auch Sie im alltäglichen Leben unaufmerksam gewesen und über einen nicht bemerkten Stein gestolpert, haben sich an einer zu spät bemerkten Kante blaue Flecke zugezogen...

Leider liegen auch auf dem lebenslangen Weisheits-Lernweg viele Stolpersteine, leider ist er manchmal auch von scharfen Kanten umsäumt. Doch wer seine innere Schatzkammer einmal geöffnet hat, findet dort auch viele *Werkzeuge*, die helfen, wacher auf den Lebensweg zu achten und öfter und bewusster im Zustand der inneren Stille und Zentrierung zu sein. Zu den wichtigsten *Fein-Werkzeugen* gehören: Achtsamkeit, Aufmerksamkeit, bewusste Wahrnehmung, Intuition. Der Umgang mit ihnen kann im täglichen Leben trainiert werden. Je vertrauter ich damit bin, desto leichter wird es sein, die Vielfalt der „Schätze" in mir zu entdecken und anzuwenden.

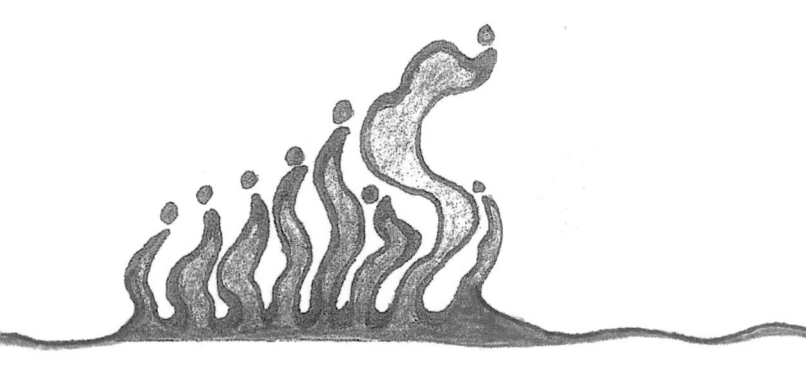

Das Nichts wird zu Allem

„Das ist eben die Eigenschaft der wahren
Aufmerksamkeit, dass sie im Augenblick
das Nichts zu Allem macht."
Johann Wolfgang von Goethe (1748-1832), Dichter und
Philosoph

Das Thema der Aufmerksamkeit begleitet mich durch mein ganzes Erwachsenen-Leben, ich widme ihm viel Aufmerksamkeit. Dennoch wundere ich mich manchmal darüber, das ich immer noch nicht sagen kann: „Nun kann ich es, nun weiß ich es - nun bin ich endlich immer im Zustand ständiger Aufmerksamkeit!"
Neugierig wie ich bin, frage ich gerne andere Menschen, was sie unter Aufmerksamkeit verstehen. Lernzusammenhänge wie Schule und Studium werden oft genannt, und vor allem die Notwendigkeit an Aufmerksamkeit im Beruf und Straßenverkehr. Aufmerksamkeit als Qualität im Umgang mit Menschen wird nur selten als Antwort gegeben.
Sicherlich sind fast alle beruflichen Anforderungen nicht ohne Aufmerksamkeit zu bewältigen. Nicht nur Chirurgen müssen wach und aufmerksam sein, um keine Fehler zu machen und in kritischen Situationen intelligente, lebensrettende Entscheidungen zu treffen.

Aufmerksamkeit erfordert auch die uns fast allen so vertraute Arbeit des Autofahrens. Dabei müssen wir nicht nur auf die eigene Fahrweise achten, wir müssen auch das Verhalten anderer Verkehrsteilnehmer „im Blick" haben und vorausschauend fahren. Vierzig Prozent aller Unfälle geschehen durch Unaufmerksamkeit, was eine Untersuchung zeigte. Diese Anforderung, achtsam zu sein, trifft auf fast alle Berufe zu. Ob Musikerin, Buchhalterin, Pilotin oder Gärtnerin - immer ist es zur zufrieden stellenden Bewältigung der Arbeitsherausforderung unbedingt notwendig, auf die Mitspieler oder Mitarbeiter zu achten, sie wahrzunehmen.

Doch nicht nur im Berufsleben kann die mangelnde Aufmerksamkeit auf das eigene Tun und das der anderen Menschen zu Fehlern, Gefährdungen und Unfällen führen. Es ist das ganze, alle Bereiche umfassende Leben, das Aufmerksamkeit und Achtsamkeit erfordert, damit „aus einem Augenblick das Nichts zu Allem" werden kann.

Im gewohnten Trott des Alltags jedoch zerfällt die auf den Augenblick ausgerichtete Aufmerksamkeit nur zu leicht durch die Vielfalt an möglichen Ablenkungen und auch durch die Vielfalt an Anforderungen von außen und innen.

Wir nehmen oft nicht wahr, wie unsere Aufmerksamkeit von etwas angezogen oder abgelenkt wird, ohne dass wir dies bemerken oder beachten.

Aufmerksamkeit ist untrennbar verbunden mit Achtsamkeit.

"Achtsamkeit ist ein aufmerksames Beobachten, ein Gewahrsein, das völlig frei von Motiven oder Wünschen ist, ein Beobachten ohne jegliche Interpretation oder Verzerrung."
Jiddu Krishnamurti (1895-1986)

Achtsamkeit - eine hohe Tugend in allen geistigen Weltanschauungen.
Achtsamkeit und Aufmerksamkeit werden oft gleichbedeutend gebraucht, doch sie sind ein „Geschwisterpaar", sind nicht „das Gleiche". Achtsamkeit und Aufmerksamkeit sind gekennzeichnet durch unterschiedliche Qualitäten, die aber zusammengehören:
- *Achtsamkeit* beinhaltet, auf etwas oder jemanden zu achten, zu beachten, achtsam mit etwas oder jemandem umzugehen (sei es Dinge, Pflanzen, Tieren oder Menschen). Den Begriff der Achtsamkeit verwende ich für eine erweiterte Aufmerksamkeit insbesondere auf die äußere Welt. Achtsamkeit bezeichnet eine sensitive Wachheit, Einfühlungsvermögen und ein feines Gespür für eine Situation.
- *Aufmerksamkeit* ist die Fähigkeit, etwas zu bemerken, wahrzunehmen, konzentriert und absichtsvoll mit wachem Bewusstsein zu handeln. Aufmerksamkeit bezeichnet außerdem die Fähig-

keit, nach „innen" zu schauen, zum Beispiel den eigenen Körper, die eigenen Gefühle und Gedanken wahrzunehmen – und gleichzeitig sich selbst und die Umwelt wahrzunehmen. Aufmerksamkeit kann in jeder Situation entweder selektiv, konzentriert, erweitert, geteilt und anhaltend sein, manchmal sogar alles zugleich.

„Sie hat wohl den sechsten Sinn", höre ich oft jemanden sagen, wenn meine Frau etwas ausspricht, was kurz darauf eintrifft - sei es die Reaktion oder Aktion eines Menschen oder ein Ereignis im nahen Umfeld. Die Bemerkung mit dem „Sinn" stimmt schon, doch ist es nicht der Sechste, sondern es sind alle Sinne, über die im Zustand von Aufmerksamkeit und Achtsamkeit kleinste Veränderungen sensorisch wahrgenommen werden können. Menschen, die in therapeutischen und heiltätigen Berufen arbeiten und auch Künstler haben oft diese Art von „sechstem Sinn", der sich aus erhöhter Aufmerksamkeit und Achtsamkeit zusammensetzt.

Jeder Mensch hat diese sensorische Fähigkeit, sie ist nicht auf Berufsgruppen beschränkt. Grundsätzlich ist es für jede/jeden möglich, "fein-sinnig" zu sein, denn Achtsamkeit und Aufmerksamkeit lassen sich trainieren.

Wie geht es Ihnen, wenn Sie diesen Qualitäten in sich nachspüren?

Empfinden Sie sich als jemand, die/der hauptsächlich aufmerksam und achtsam ist im alltäglichen Leben? Verspüren Sie das Bedürfnis, beides zu sein - aufmerksam und achtsam?

Verfeinerte Achtsamkeit im Allgemeinen und eine bewusste, erweiterte Aufmerksamkeit im Besonderen können in eine Lebensqualität des Wohl-Seins in allen Wirklichkeiten führen.

"Bei der Förderung der geistigen Entwicklung sollte nicht die Konzentration,
sondern die Aufmerksamkeit im Mittelpunkt stehen."
Jiddu Krishnamurti

Erhöhte Achtsamkeit in allen Lebensbereichen kann in eine Wachheit führen, aus der heraus das Leben in zunehmend größerer Gelassenheit und mit tieferem Verständnis für seine Eigenheiten gelebt werden kann.

Aufmerksamkeit und Achtsamkeit bergen noch eine weitere „Zauberqualität" in sich: je mehr wir sie intensivieren, umso weiter und erfahrungsreicher wird unsere äußere und innere Welt. Das Training der "Wandlungsqualitäten" Achtsamkeit und Aufmerksamkeit kann zum Schlüssel werden, der die Schatztruhe öffnet, in der die Möglichkeiten der eigenen Verwirklichung darauf warten, beachtet zu werden.

Richtet sich die Aufmerksamkeit jedoch zu sehr auf die Befriedigung persönlicher Bedürfnisse und ist die Achtsamkeit auf Mitmenschen und Umwelt gering, dann schrumpft nicht nur die innere Welt - auch die äußere wird kleiner, trotz angesammelter „miles and more". Dieser Mangel an Achtsamkeit bringt auch die erstaunliche Wirkung mit sich, dass sich die Empfindung von Zeit verändert: sie wird „weniger", rauscht vorbei anstatt sich im eigenen Wesen zu weiten und zu wachsen.

Sich dieser "Zauberqualitäten", die "das Nichts zu Allem" machen kann, bewusst zu sein und sie zu entfalten, ist nicht nur in Hinblick auf eine kreative und intensive Lebensgestaltung weise.

Achtsamkeit und Aufmerksamkeit zu leben nährt auch die Quelle, aus der der Lebensfluss der Weisheit entspringt.

Glück entsteht oft durch Aufmerksamkeit
in kleinen Dingen,
Unglück oft durch Vernachlässigung kleiner Dinge.
Wilhelm Busch (1832-1908), Dichter und Zeichner

Der Zauberstab der Aufmerksamkeit

"Wir können die Wirklichkeit nicht sehen, weil es uns an Aufmerksamkeit fehlt."
John G. Bennett

Nur zu gerne wäre ich ein Magier geworden, hätte Kaninchen und Frauen verschwinden lassen vor den Augen staunender Zuschauer. Während ich mich diesem Berufsziel in meinen Jugendjahren annäherte und versuchte, hinter all die beeindruckenden Zaubertricks zu kommen, verlor meine Begeisterung für die Zauberei immer mehr an Attraktivität. Mir wurde ernüchternd klar, dass es außer einer enormen Geschicklichkeit beim Zaubern darum geht, die Aufmerksamkeit der Zuschauer vom eigentlichen Geschehen abzulenken. Das zu erreichen erfordert eine hohe Aufmerksamkeit auf das eigene Wirken. Irgendwie roch mir das in meiner Jugendzeit doch sehr nach viel Arbeit...
Irgendetwas von dieser Herausforderung an "Aufmerksamkeits-Arbeit" muss durch einen kosmischen Zaubertrick an mir hängen geblieben sein. Auch wenn ich kein Magier geworden bin, ist doch mein Leben geprägt vom Thema Aufmerksamkeit und Wahrnehmung des so staunenswerten Welten-Multiversums. Hätte ich damals gewusst,

wie viel "Arbeit an mir selbst" nötig war und ist, um immer wieder neu im alltäglichen Leben im Zustand der Aufmerksamkeit zu sein, wäre ich doch vielleicht besser ein Zauberer mit Publikum geworden...

Stattdessen ist unter anderem William Blake mein Aufmerksamkeits-Lehrer geworden mit seinem Zauberwort::

"Wenn die Pforten der Wahrnehmung geläutert würden, würde jedes Ding dem Menschen erscheinen, wie es ist, unendlich. Denn der Mensch hat sich selbst eingeschlossen, bis er alle Dinge nur mehr durch schmale Ritzen seiner Höhle sieht".
William Blake (1757-1827), Dichter und Künstler

Mich selber in eine Höhle einschließen, Welten und Wirklichkeiten nur durch Ritzen wahrzunehmen - das ist mir eine solche das Leben einengende Schreckvorstellung, dass ich mit Neugier und auch Lust den Pfad der bewussten Wahrnehmung durch innere und äußere Welten gegangen bin und immer noch gehe - mit Aufmerksamkeit.

Aufmerksamkeit ist die Voraussetzung zu bewusster Wahrnehmung.

Bewusste Wahrnehmung ist frei von Interpretationen und Wertungen. Das Instrument der Wahrnehmung ist die bewusste Aufmerksamkeit.

Der erste Schritt, dieses "Instrument" zum Klingen, zum Wirken zu bringen, ist die auf mich gerichtete

Aufmerksamkeit, auf die Wahrnehmung meines Körpers, meiner Gefühle. Dann erst, wenn ich mit der Aufmerksamkeit bei mir bin, kann ich bewusst andere Dinge und andere Lebewesen wahrnehmen.

Ohne diese Aufmerksamkeit gelangen die Wahrnehmungen zwar unterschwellig auch ins Bewusstsein, doch es macht einen wichtigen Unterschied, ob wir die Eindrücke *wach* bemerken oder nicht. Wenn wir sie nicht im Zustand innerer Wachheit bemerken, können uns die umgebenden Schwingungen und Informationen auf eine Weise beeinflussen, dass wir meinen, ein aufgekommener Gedanke oder ein Gefühl sei in uns selbst entstanden, wobei dieser Gedanken aber von "außen" kam, nicht in uns entstanden ist. Mit diesen "Schwingungs-Beeinflussungen" arbeitet die Werbung und kann Wünsche und Sehnsüchte in uns festsetzen, die nicht aus uns heraus entstanden sind.

Um herauszufinden, ob aufkommende Gedanken oder Gefühle auch wirklich meine sind, muss ich sie bemerken, muss mir ihrer bewusst werden.

Mit dem "Zauberstab der Aufmerksamkeit" bringe ich mich in die Lage, meine Gedanken, Vorstellungen und Gefühle gegebenenfalls zu verändern oder sie willentlich mit einem Ziel einzusetzen. Aus dieser Entscheidungsfähigkeit heraus ändern sich die Qualitäten meiner Erfahrungen und meines Erlebens.

Es lohnt sich also, Aufmerksamkeit zu trainieren! Es ist dabei wie bei einem Muskeltraining: je mehr ich trainiere, desto mehr baut sich die Kraft auf. Dass es nicht leicht ist, den Zustand der Aufmerksamkeit zu halten, können Sie bei der Durchführung des folgenden kleinen Experimentes erfahren:

Versuchen Sie, dem Sekundenzeiger einer Uhr mindestens sechzig Sekunden lang zu folgen. Achten Sie darauf, in welcher Sekunde ihre Aufmerksamkeit nachlässt oder abbricht. Sie werden bemerken, dass die Aufmerksamkeit kaum sechzig Sekunden lang aufrechterhalten werden kann.

Sicherlich haben Sie auch schon erlebt, wie sie körperliche Empfindungen verändern können, indem sie ihre Aufmerksamkeit auf den Schmerz, die Verspannung, richten und durchaus diese Empfindungen durch gezielte Aufmerksamkeit verändern können.

Die Ergebnisse einer wissenschaftlichen Untersuchung führten zu dem Schluss, dass schon der Gedanke an Helligkeit die Größe der Pupillen verändert. Auf diese Weise, durch die absichtliche Vorstellung, wirken auch Entspannungsübungen, die durch gezielte Aufmerksamkeit Veränderung nicht nur in der Körperempfindung bewirken können.

Je mehr Sie Ihr Potenzial an Aufmerksamkeit durch das Beachten dieses Potenzials stärken und je bewusster sie es einsetzen, umso weniger sind Sie Zufällen unterworfen, umso ausgeprägter wird auch ihre Intuitionsfähigkeit. So können sie nach und nach die Wirklichkeit einer Welt der absichtlichen Wahlmöglichkeit erschaffen, eine Ihrem inneren Sein entsprechende Welt. Dann wird es möglich, auch das was Ihnen *zufällt*, den berühmten Zufall, bewusst in ihre Wirklichkeit einzuweben. so können wir zu Meisterinnen und Meister unseres *Geschicks* werden.

Aufmerksamkeit ist auch die Kraft, die uns mit dem Feld des Bewusstseins verbindet. Aufmerksamkeit basiert nicht auf neurologischen Funktionen und beinhaltet keine gedankliche Anstrengung.

Wenn wir uns anstrengen aufmerksam zu sein, „verknotet" sich das Gehirn und das Gegenteil unserer Absicht tritt ein: die Aufmerksamkeit nimmt ab.

Aufmerksamkeit ist untrennbar verbunden mit Wahrnehmung und damit, mit dem Wahrgenommenen in Verbindung zu treten. Erst, wenn ich mit der Aufmerksamkeit bei mir bin, kann ich willentlich und bewusst „anderes" wahrnehmen.

Interessant ist in diesem Zusammenhang, dass der Begriff "Wahrnehmung" auf das indogermanische Wort *wardo* oder *waro* zurückgeführt wird und die Bedeutung von *aufmerksam werden, beobachten* hat.

Das *Geschwisterpaar* Wahrnehmung und Aufmerksamkeit bezieht alle Sinne mit ein, ist immer auf das "Jetzt" bezogen und frei von Interpretationen und Wertungen. Sich an diese herausfordernden Zuordnungen im Moment des Bemerkens von *etwas* nicht Stimmigen zu erinnern, ist nicht leicht. Doch das Beachten und das sich daraus entwickelnde veränderte *Tun* sind die Kräfte, mit denen wir unsere "Welt", unser Leben stimmiger, vielfältiger und intensiver in seinen Erfahrungsdimensionen bewusst gestalten können.

Diese Kräfte gehören zu den Geschenken, die in unserer inneren Schatzkiste verborgen sind und darauf warten, erkannt und in unser Leben gebracht zu werden.

Es ist nicht genug zu wissen –
man muss auch anwenden.
Es ist nicht genug zu wollen –
man muss auch tun.
Johann Wolfgang von Goethe

Durch die Sinne zum Sinn

*„Geh in dich selbst! Entbehrst du drin Unendlichkeit
in Geist und Sinn, so ist dir nicht zu helfen."*
Johann Wolfgang von Goethe

Der sinnenfreudige Herr Goethe hätte sicherlich sein Vergnügen daran gehabt, Monty Python bei ihren Bemühungen zuzusehen, den Sinn unseres Daseins anhand von lebensnahen Sinnes-Lust-Situationen zu erforschen.[2]

Hinter all den philosophischen, religiösen, weltanschaulichen Ansichten zum "Sinn des Lebens" steckt im Kern aller klugen allgemeinen Ansichten die Frage des Einzelnen, die eigene Frage nach dem Sinn meines Lebens.

Ein sinn-volles Leben zu leben und möglichst nicht erst am Ende des Lebens den Sinn meines Lebens zu erkennen - das ist ein zentrales Ansinnen aller spirituellen Wege, aller Philosophien. Das ist auch mein Ansinnen, darauf besinne ich mich immer wieder, wenn das "alltägliche Leben" mit seinen Herausforderungen meine geistigen Wege zu überfluten droht.

Doch was macht es überhaupt für einen Sinn, sich um den Lebenssinn zu kümmern? Reicht es nicht aus, "einfach sein Leben zu leben"?

---

[2] Das bezieht sich auf den Monty-Python-Film "Der Sinn des Lebens", siehe auch Ende des Kapitels

"Wer keinen Sinn im Leben sieht, ist nicht nur unglücklich, sondern kaum lebensfähig."
Albert Einstein

Seitdem wir diesen uns weit über die "Alltags-Wahrnehmung" hinaus tragenden Klang des eigenen inneren Wissens erlauscht haben, reicht es uns nicht mehr aus, einfach "nur zu leben".

Wir können keine allgemein gültige Antwort geben auf die Frage nach dem Sinn des Lebens, wir können Sie nur ermutigen, "etwas im Sinn zu haben", Ihrem Lebens-Sinn über die Sinne nachzuspüren.

Nachspüren, wahrnehmen und empfinden sind die Fähigkeiten, die uns den Zugang zu unserem *Sinn* öffnen. Sogar der Rechtschreibberater *Duden* definiert Sinn als "Fähigkeit der Wahrnehmung und Empfindung, die in den Sinnesorganen ihren Sitz hat."

Sinnesorgane sind Resonanzorgane. Sehen und Hören nehmen in unserer heutigen Welt die Spitzenpositionen unter den fünf Sinnen ein.

Doch es ist nicht das *Sehen* sondern das "wahrnehmende Schauen", das in die Verbindung mit dem Wesen dessen, was betrachtet wird, führt. "Wahrnehmendes Schauen" lässt z. B. in der Begegnung mit dem Blatt einer Pflanze das Erkennen des Wesens der Welt, des Lebens, erwachen.

„Es gibt nichts auf der Welt, was nicht zu uns spricht. Alles und jedes offenbart ständig seinen Charakter, sein Geheimnis.
Je mehr wir unsere Sinne öffnen, desto besser sind wir imstande, die Stimme von allem aufzunehmen."
Hazrat Inayat Khan (1882-1927), Sufi-Mystiker

Die bewusste Erfahrung der Sinnes-Fähigkeit kann den Zugang öffnen zu den Erkenntnisräumen jenseits der Sinne. Unser unmittelbarer Zugang zum Erleben der Welt findet nicht über den Verstand statt, sondern geschieht über die Sinne.

Wahrnehmung ist Sinneseindruck, wir empfinden die Welt. Im Moment der Empfindung sind wir nichts als Empfindung, sind im „Innen", ohne Trennung von Körper und Geist. Alles, was wir wahrnehmen, ist mit einer Empfindungsqualität verbunden.

Auch Erinnerungen und Gedanken sind immer verbunden mit Sinnes-Empfindung. Experimente der Universität Amsterdam (Psychologe Ap Dijsterhuis) belegen, dass noch bevor das Gehirn einem bestimmten Begriff die sprachliche Bedeutung zuordnet, im Unterbewusstsein bestimmte Sinneseindrücke aktiviert werden.

Unsere "üblichen" Sinneswahrnehmungen sind von Kultur und Sozialisation abhängig und unterliegen dementsprechend Wahrnehmungsbeschränkungen.

Freiheit von Vorurteilen verleiht
den Augen Unterscheidungsgabe und Licht.
Ichbezogenheit hingegen macht blind.
Und Vorurteile versenken das Wissen im Grab.
Wo kein Vorurteil herrscht,
wird Nicht-Wissen zur Weisheit,
während Vorurteile das Wissen verdrehen.
Dschalal ad-Din Rumi

Sind wir uns der Bedeutung und Auswirkung unserer Sinneswahrnehmungen im Resonanzfeld Leben bewusst und trainieren sie, verändert sich nicht nur unser Blick und unsere Einsicht in Sinn-Zusammenhänge, sondern es wächst vor allem die Empfindung für den eigenen "Lebens-Sinn".
Vielleicht besteht der Mantel, in den sich die Weisheit einhüllt, ja aus dem Gewebe der Sinne? Sehr wahrscheinlich heißen die Hände, die diesen Mantel "lüften" können, um die Weisheit darin zu erkennen, Achtsamkeit und Aufmerksamkeit.
Ist der Wunsch nach einem sinnvollen Leben in einem Menschen wach geworden, so ist es unumgänglich, den Sinnen Aufmerksamkeit zu schenken, um ihr Potenzial bewusster nutzen zu können als es im "normalen Leben" üblich ist. Es ist durchaus eine Herausforderung, die subjektiv gefärbte und kulturell bedingte Wahrnehmungsbrille mit ihren diversen Filtern nach und nach abzulegen und den Mut zum "Klarblick" wachsen zu lassen: Menschen, Dingen, Ereignissen in die

Wahrnehmung bewusst einzuschließen statt unbewusst auszuschließen! Bewusste, aufmerksame Sinneswahrnehmung erschließt neue Welten.

Aus beruflichen Zusammenhängen ist die zielgerichtete Schulung ausgewählter Sinne vielen Menschen vertraut: Köche müssen ihre Geruchs- und Geschmacksinne wesentlich intensiver nutzen als ein Architekt, der wiederum ein gut geschultes Auge für bauliche Details, räumliche und ästhetische Merkmale haben muss. Doch ist es anzunehmen, dass beide Berufsgruppen in Bezug auf ein bewusstes Hören blind sind.

„Viele Leute, die vollkommene Augen haben,
sind blind in ihren Wahrnehmungen.
Viele Leute, die vollkommene Ohren haben,
sind taub für die Regungen der Seele.
Gerade aber diese Leute sind es, die sich erkühnen,
den Visionen anderer Menschen Schranken
vorschreiben zu wollen."
Helen Keller (1890-1968), Schriftstellerin, taub und blind

Eine intensivierte Wahrnehmung mit allen Sinnen führt zu einer intensiveren Achtsamkeit und zu einem Leben in Bewusstheit, in eine mit Sinn gefüllte Lebensqualität, die nicht mehr abhängig ist von materiellem Besitz und Status.

Der Buddha Gautama betonte schon vor 2.500 Jahren: „Aufmerksamkeit ist der Weg, der zur Befreiung vom Tode führt. Die Unaufmerksamen sind so, als ob sie schon tot wären." "Befreiung vom Tode" beinhaltet für mich, dass der aufmerksame Mensch in den Bereich der Zeit- und Raumlosigkeit gelangt, die nicht auf materiellen und funktionalen Bedingungen beruht.

Ein neues Bewusstsein, eine "Kultur der Weisheit" kann nur entstehen, wenn viele Menschen daran arbeiten, aufmerksamer zu werden und auf der Grundlage eines einfühlsameren und wacheren Umgangs miteinander ihr Zusammenleben neu gestalten. Dieser *andere*, mit Sinn erfülltem und von Sinnen bestimmte Umgang miteinander kann tief greifende, für viele Menschen sinnvolle Auswirkungen auf das ökonomische, gesellschaftliche, kulturelle und geistige Leben haben.

Und manchmal öffnet auch ein "Hintergrundsweiser" Film den Zugang zu weisen Lebenseinsichten:

"Kommen wir zu Punkt Sechs auf der Tagesordnung. Der Sinn des Lebens. Also Harry? Sie hatten sich da ein paar Gedanken gemacht?" - "Ja, stimmt, ich habe in den letzten Wochen ein Team daran arbeiten lassen und was dabei herausgekommen ist, kann man auf zwei fundamentale Begriffe reduzieren. Erstens: Die Menschen tragen nicht genug Hüte. Zweitens: Materie ist Energie. Im Universum gibt es sehr viele Energiefelder, die wir auf normalem Wege nicht wahrnehmen können.

Einige dieser Energien haben eine spirituelle Quelle, die auf die Seele einer Person einwirkt. Jedoch existiert diese Seele nicht abenitio, wie das orthodoxe Christentum uns lehrt, sie muss ins Sein gebracht werden. Durch einen Prozess geleiteter Selbstbeobachtung. Dies jedoch wird so gut wie nie erreicht aufgrund der einzigartigen Fähigkeit des Menschen, sich durch alltägliche Trivialitäten vom Geistigen ablenken zu lassen."

Dialog aus dem Film "Der Sinn des Lebens", 1983

Die drei Fragen

"Weisheit ist Spiel, ist der Sinn für das Richtige,
ist das Aufleuchten des Gefühls "es ist gut".
John G. Bennett,(1897-1974), Mathematiker und Philosoph

Eigentlich ... eigentlich wären keine neuen Bücher notwendig, um über "Weisheit" zu sinnieren. Würden wir Erwachsenen auf der Suche nach Weisheit und Sinn so mutig sein, unsere alten Märchen mit der Bereitschaft zum "anderen" Verstehen in uns aufzunehmen, dann würden wir staunend entdecken können, dass der Kern des in Märchenform überlieferten Wissens heute immer noch von einer "Wahrheit" erzählt. Doch "nackte Wahrheit" war bei den Menschen noch nie ein gern gesehener Gast, erzählt eine jüdische Geschichte. Das mit prächtigen Gewändern geschmückte Märchen dagegen entzückte die Menschenherzen. Das von den Menschen geliebte Märchen hatte Erbarmen mit der verbitterten Wahrheit und schenkte ihr einige ihrer bunten Gewänder. Nun wurde die in bunte Mäntel gehüllte Wahrheit von den Menschen angenommen und zog als eine an Aufmerksamkeit und Sinn erinnernde Lehrmeisterin in ihre Herzen ein.

"Wenn du intelligente Kinder willst, lies ihnen Märchen vor. Wenn du noch intelligentere Kinder willst, lies ihnen noch mehr Märchen vor."
Albert Einstein (1879-1955), Mathematiker und Philosoph

Ein Märchen von Leo N. Tolstoi (1828-1910) beginnt so: *"Es dachte einmal ein König, nichts könne ihm missglücken, wenn er nur immer die Zeit wüsste, in der er ein Werk zu beginnen habe, und wenn er immer wüsste, mit welchen Menschen er sich einlassen solle und mit welchen nicht, und wenn er immer wüsste, welches von allen Werken das wichtigste sei."*

Wenn ich dann nur wüsste, welches die jeweils "richtige" Handlung ist!

Kann man "richtiges Handeln" im Voraus planen?

Welche Kriterien lassen mich erkennen, ob etwas richtig ist oder nicht?

"Richtiges Handeln", das nicht zur Alltagsroutine gehört, ist nicht planbar. Es ist erforderlich in einem Moment, der eine spontane Entscheidung erfordert, die nicht aus der Erfahrung meiner Alltagsroutine entschieden werden kann.

Bin ich in diesem Moment im Zustand der "inneren Ganzheit", in der Verbindung mit meinem "Wissen" und meiner Intuition, wird mein Handeln "richtig".

"Richtig handeln" bezeichnet die Anforderung, etwas der Situation Angemessenes, Passendes, Stimmiges zu tun. Dieses Handeln aus dem Moment heraus muss mit Absicht geschehen und mit meiner inneren Weisheit übereinstimmen. Manchmal ist es auch weise zu erkennen, das die Handlung aus Nicht-Handeln besteht. Absichtsvolles Nicht-Handeln bedarf des Muts, zu der erspürten Richtigkeit des Nicht-Handelns zu stehen.

Es ist nicht leicht, in einem Moment, in dem ein Handeln von mir gefordert wird, die "innere Richtigkeit" zu erspüren.

Man muss ein Gespür dafür entwickeln, wann es richtig ist zu handeln und ob die Handlung eine "innere Richtigkeit" besitzt.

Doch wie finde ich heraus, ob eine Handlung eine "innere Richtigkeit" besitzt?

Wieder ist es unsere Fähigkeit zur absichtlichen, bewussten Wahrnehmung, die die Weisheit meiner Sinne und meines inneren Wissens aktiviert und mich *intuitiv* erkennen lässt, was "stimmig" ist.

Intuition ist sicherlich ein wichtiger Bestandteil der Antworten, die ein weiser Mensch auf die drei Fragen dem König in Tolstoi's Märchen geben würde.

"Alles, was wirklich zählt, ist Intuition! Der intuitive Geist ist ein heiliges Geschenk und der rationale Geist ein treuer Diener. Wir haben eine Gesellschaft erschaffen, die den Diener ehrt und das Geschenk vergessen hat."
Albert Einstein

Unser rationaler Diener, der Verstand, arbeitet auch, wenn wir uns dessen nicht bewusst sind. Er macht sich dann bemerkbar, wenn er mit seiner Arbeit fertig ist. Das macht er, wie es sich für einen klassischen Diener gehört, indem er uns scheinbar aus dem "Nichts" eine bislang nicht gesehene Entscheidung, eine Lösung, eine Idee auf dem Tablett des inneren Wissens präsentiert, der Intuition.

Sind Intuitionen und innere Weisheiten nur mentale Konstrukte, Ausdruck neuronaler Ereignisse? "Die Welten des Bewusstseins" in all ihren Erscheinungen wären dann nichts weiter als Projektionen, Wunschbilder, Erinnerungen, Phantasien.

Es wäre aber auch möglich, "Welt" und "Bewusstsein" so zu verstehen, dass Wahrnehmung und das Wahrgenommene miteinander in einer Wechselbeziehung stehen: meine Wahrnehmung erweckt etwas im Bewusstseinsfeld "Schlummerndes" zum "Leben", aber das Schlummernde ist auch da, wenn ich es nicht erwecke.

Für mich ist es eine Wahrheit, dass ich Anteil am Bewusstseinfeld allen Seins bin. Und ich ahne, dass in mir so etliche "Bewusstseinspartikel" aus diesem Feld schlummern, die ich noch nicht aufgeweckt habe - weil ich von ihnen noch nichts "weiß".

Zu den Fähigkeiten und Qualitäten, von denen ich schon etwas weiß, gehört auch die Intuition, das "Wissen hinter dem Wissen".

Wie oft in meinem Leben habe ich nicht nach krumm gelaufenen Entscheidungen gesagt: "Hätte ich nur auf meine Intuition gehört", bevor ich begann, dieser Eingebung vor dem Fällen einer

Entscheidung Aufmerksamkeit zu schenken. Da ich gerne den Dingen auf den Grund gehe, wissen möchte, wie sie "funktionieren", begann ich den Versuch, Intuition zu trainieren. Sobald ich damit begann, übernahm schon nach kurzer Zeit der treue "Diener Verstand" den Raum, und das Geschenk des intuitiven Geistes rutschte immer mehr in die Ecke. Ich verlor mich in Denk-Welten, fand immer viele Gründe die für oder gegen eine Entscheidung sprachen, und verlor die Weisheit meiner Entscheidungsfähigkeit - obwohl ich mich manchmal durchaus richtig entschied.

So fing ich wieder "ganz einfach" an, mir meiner Intuition bewusst zu sein, wenn sie dann auf-gewacht war und sich als "Geistesblitz" zeigte. Nahm ich diesen Geistesblitz der Intuition wahr, so gab ich ihm Aufmerksamkeit, ohne über die Richtigkeit der Eingebung nachzudenken.

"In jeder Handlung gibt es eine 'Richtigkeit', bei der jede Anstrengung verschwindet." John G. Bennett

Ich gab ihm nicht nur Aufmerksamkeit, ich folgte ihm - anfangs als Trainingsprojekt, ein Erfor-schungsvorhaben - doch irgendwann wurzelte die-ses Vorhaben, einer Intuition nachzugehen, so tief in mir, dass ich heute bei wichtigen Entschei-dungen, dem Einschätzen von Situationen und Menschen das "heilige Geschenk" des intuitiven

Geistes annehme und er mein "erster Berater" geworden ist. Selbstverständlich habe ich ihm einen Ehrenplatz in der inneren Welt meiner Weisheit eingeräumt!

Intuition hat eine Schwester, wir nennen sie Ahnung. Auch sie ist ein "Kind des intuitiven Geistes", auch ihr zu folgen ist weise.

Vereinen sich der "Diener", unser rationaler Geist, mit dem "Geschenk" des intuitiven Geistes, ist das die "ultimative" Kombination um im Zustand der Weisheit nicht nur in der "inneren Welt", sondern auch in der "äußeren Welt" zu sein.

Auch wenn von Neurowissenschaftlern und Psychologen immer wieder die Intuition für unerklärliche Erkenntnisse oder „direktes Wissen" ins Spiel gebracht wird, sind Intuition und ihre Wirkungsmechanismen wissenschaftlich kaum erforscht. Intuitionsforscher wie der Psychologe Prof. Dr. Gerd Gigerenzer haben mit unterschiedlichen psychologischen Experimenten und Gehirnmessungen herausgefunden, dass eine Vielzahl von Menschen häufiger intuitiv entscheiden als ihnen bewusst ist. Sie treffen selbst bei komplexen Fragestellungen intuitive Entscheidungen ohne logische Abwägungen – und meistens liegen sie sogar richtig (Gigerenzer 2008).

Intuition hat nichts mit "Gefühlsduselei" zu tun, auch wenn der Begriff des "Bauchgefühls" zu dieser Einschätzung verführen kann.

Der Begriff „Bauchgefühle" hat sogar eine physiologische Grundlage. Vor einigen Jahren fand der Arzt Michael Gershon heraus, dass Gefühl und Intuition von einem Nervengeflecht im Bauch mitgesteuert werden. Das „Bauchgehirn" besitzt nach seinen Erkenntnissen mit rund 100 Millionen Nervenzellen, die den Verdauungstrakt umhüllen, soviel Zellen wie das Rückenmark. Dieses „zweite Gehirn" speichert auf unbewusste Weise Körperreaktionen bei psychischen Prozessen. Die Botschaften des Bauches werden bei Bedarf abgerufen und beeinflussen wahrscheinlich rationale Entscheidungen eines Menschen. Dieses Nervensystem arbeitet autonom und sendet zudem viel mehr Signale hinauf zum Kopfhirn, als es umgekehrt von diesem empfängt.

Das "Bauchgehirn" ist ein materialistisches Modell, das keineswegs erklärt, wie Intuitionen zustande kommen. Sicherlich ist es so, dass wir im "Überlebenstraining Menschheit" gelernt haben, schnell einzuschätzen, was zu tun ist. Das Erkennen einer Situation wird selten allein gedanklich und logisch getroffen, sondern immer sind unbewusste Gefühle und Annahmen an der Entscheidungsfindung beteiligt. Und zum Glück für unser Überleben arbeiten besonders in kritischen Situationen der Verstand und die Gefühle zusammen.

Doch lässt sich Intuition allein auf unterbewusste Informationsverarbeitung und Neuronenaktivitäten zurückführen?

Das ist sicherlich ein Aspekt, doch darüber hinaus kann Intuition als die Fähigkeit angesehen werden, mit dem kreativen Feld des Bewusstseins und somit mit dem kreativen Wissensfeld in uns eine Verbindung herzustellen. Dazu gehören Ideen, Einfälle, Ahnungen, die plötzlich auftauchen, ohne dass sie durch einen besonderer Anlass auslöst werden.

"Die ursprüngliche Weisheit ist Intuition, während alles spätere Wissen angelernt ist."
Ralph Waldo Emerson (1803-1882),
Schriftsteller und Philosoph

Günstige Voraussetzungen für das Erwachen einer Intuition sind u. a. ein entspannter Zustand und auch körperliche Betätigung. In beiden Zuständen, in denen ich nicht an das zu lösende Problem "denke", läuft die Suche nach einer Lösung, Antwort im "Bewusstseins-Hintergrund" weiter. Doch dieses "Weiterlaufen" geschieht leise, wie ein sanfter Wind, der durch das Kreativ-Feld streicht auf der Suche nach dem "richtigen Strohhalm."

Dieses durch Kreativität geprägte Bewusstseinsfeld, in dem die Einfälle, Eingebungen, Ideen schlummern, ist nicht gleichzusetzen mit "dem

Gehirn", das Gedanken prozessiert und schließlich mit einer Lösung aufwartet.

Gerade weil Intuitionen aus einem kreativen Feld kommen, sind sie manchmal wie ein flüchtiger Windhauch und schwer zu fassen. Mit dem Training der Aufmerksamkeit, dem aufmerksamen Bemerken von Intuitionen, ist es möglich, diesen "flüchtigen Wind" festzuhalten.

Wahrgenommene Intuitionen können uns dazu führen, im richtigen Augenblick etwas "Richtiges", vorher nicht Geplantes, zu unternehmen.

Sicherlich ist auch Ihnen das sowohl im privaten als auch im beruflichen Leben schon mehrfach geschehen. Doch auch wenn Geistesblitze, Ahnungen, Intuitionen häufig zu "richtigen" Handlungen führen ist mit dem Wahrnehmen und Nachgehen einer Intuition nicht die Garantie verbunden, dass die Wünsche und Vorstellungen, die damit möglicherweise verbunden sind, in Erfüllung gehen.

Jedem kreativen Schaffen geht zuerst eine Intuition voraus, die allerdings erst erwachen kann, wenn man in der Verbindung zum "Feld der Sache" ist, in dem man wirken möchte. Eine Intuition kann erst dann in meinem Geist aufwachen, wenn ich ihn "wehen" lasse, also nicht schon durch feste Gedanken und Vorstellungen festbinde und einenge - und die "richtigen" Fragen dem Intuitions-Wind übergebe.

Sie erinnern sich noch an die drei "richtigen" Fragen des Königs?

Das sind die Antworten, die der König erhielt, nach einer ihn sehr herausfordernden Begegnung mit einem weisen Einsiedler:

"Merke dir - die wichtigste Zeit ist nur eine: der Augenblick. Nur über ihn haben wir Gewalt.

Der unentbehrlichste Mensch ist der, mit dem uns der Augenblick zusammenführt; denn niemand kann wissen, ob er noch je mit einem anderen zu tun haben wird.

Das wichtigste Werk ist, ihm Gutes zu erweisen - denn nur dazu ward der Mensch ins Leben gesandt."

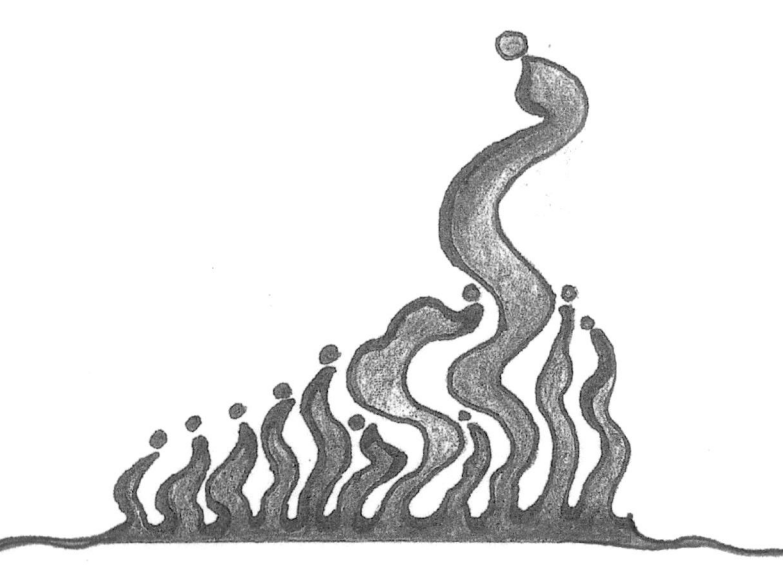

Kreatives Nichts-Tun

Das Geheimnis allen geistigen Schaffens ist Sammlung, Konzentration. Nur wer sich in vollkommener Hingabe versenkt, kann Eigenes sehen, Schöpferisches leisten. Solche köstliche Frucht geistiger Arbeit muss aber lange und im Stillen reifen.
Othmar Spann (1878 - 1950), Soziologe

Kreativität ist ebenfalls eine "Schwester" der Weisheit. In jeder und jedem von uns hat diese Schwester eine Wohnung, doch leider macht sie es oft wie die andere "Weisheits-Schwester", die Intuition: sie schläft. Und sie erwacht am liebsten im Umfeld von Versenkung, im Moment der inneren Stille. Dann entfaltet sie ihre vielfarbig funkelnde, fast unbegrenzte Wesens-Art.

Kreativitätstraining ist heute ein beliebtes Seminarangebot geworden, eigenartigerweise besonders in Kreisen von Menschen, die dafür verantwortlich sind, andere Menschen zu motivieren, mehr Profit zu erzielen.

Assoziationstechnik, Brainstorming, Brainwalking, Design Thinking, Kreativitätsmanagement, Kreativitätssteigerung, Kreativitätstechnik, Querdenken, Schwarmintelligenz sind nur einige der Begriffe, die in diesen Seminarangeboten der Kreativität zugeordnet werden.

Beim Durchforsten des Internets nach Kreativitäts-Angeboten hat sich meine Stirn in tiefe Falten gelegt und ich begann, dem nachzusinnen, was das ist, "Kreativität", die Schwester der Weisheit. Wodurch kennzeichnet sie sich, wie erkenne ich sie? Kann ich Kreativität trainieren, ist sie eine erlernbare Technik?

Kreativität ist kein *Objekt*, hat keine fest zu benennende Erscheinungsform. Sie ist ein lebendiges Spiel von Formen, die im schöpferischen Chaos des kosmischen Bewusstseins herumschwirren.

Erkennen, wahrnehmen, sehen, hören, fühlen können wir sie am "Begreifbarsten" in Kunst und Musik. Aber auch im "Denken von Unmöglichem", in revolutionären, gewagten, noch nicht beweisbaren Erkenntnissen in Wissenschaft und Philosophie manifestiert sich die Kreativität in vielerlei Form.

Die einzig revolutionäre Kraft
 ist die Kraft der menschlichen Kreativität.
 Die einzig revolutionäre Kraft ist die Kunst."
Joseph Beuys *(1921-1986), Künstler*

Doch die Kreativität wäre nicht die Schwester der Weisheit, wenn sie es uns einfach machen würde, sie zu erkennen. Schon wieder stellt sie die Anforderungen "Aufmerksamkeit, geistige Arbeit" an die "Sucherin nach Weisheit". Denn nicht alles, was als *kreativer Ausdruck* eines Menschen bezeichnet wird, ist kreativ als Ausdruck eines

Aspekts von Weisheit. Um den Unterschied zwischen einer "Neuschöpfung" aus dem Spielfeld der Kreativität und einer mit dem Label *kreativ* versehenen Tätigkeit oder einem daraus entstandenen Produkts zu erkennen, zu erspüren - sei es in Musik, Kunst, Dichtung, Handwerk - bedarf es der "Weisheit der geistigen Wahrnehmung". Diese Wahrnehmung lässt sich nicht von einer Erscheinungsform blenden, sondern erspürt den *Geist*, der in der Form erscheint.

Es gehört eine eigene Geisteswendung dazu, um das gestaltlose Wirkliche in seiner eigensten Art zu fassen und es von Hirngespinsten zu unterscheiden,
die sich denn doch auch mit einer gewissen Wirklichkeit lebhaft aufdringen.
Johann Wolfgang von Goethe

Dieser Geist ist die Schwingung der schöpferischen Kraft, die in allem wirkt und sich durch *Form und Gestaltung* selbst zum Ausdruck bringen will.
Für die Weiterentwicklung und das Überleben der Menschheit sind das Erkennen und Verwirklichen dieser Impulse aus dem Feld der Bewusstseins-Kreativität notwendig, nicht nur Innovation. Innovation ist nicht gleichzusetzen mit Kreativität, Innovation bezeichnet lediglich die Weiterentwicklung von etwas Vorhandenem. Kreativität beinhaltet bislang ungekannte Schritte, Formen, die aus dem "Nichts" heraus zu kommen scheinen, um

die menschliche Evolution und das harmonische Zusammenleben der Menschen voranzubringen. Die Welt ist möglicherweise aus dem Zusammenspiel von Stille und Stillstand mit Klang und Bewegung geschaffen, und in beidem kann sich der Geist der Kreativität äußern. Viele der alten Mythen und neuere wissenschaftliche Erkenntnisse deuten darauf hin.

Im Zustand von empfangendem Bewusstsein ist es möglich, diese zwei Seiten zu erkennen und zu verbinden - damit sich ein "neuer Geist" in unserem Leben zeigen kann. Das sich ein bislang noch nicht gekannter Kreativitäts-Impuls durch Gedanke, Wort oder Handlung zeigt, stößt nicht immer sofort auf Zustimmung in der "Welt". Wir Menschen scheinen lieber in vertrauten Formen zu verharren, als die Herausforderung von etwas wirklich *Neuem* anzunehmen. Querdenker, Widersprüchler, geistige Lufttänzer, sinnende Phantasten und Narren in Wissenschaft, Kunst, Ökologie oder Sozialwesen können davon lange Lieder singen - und dabei ist Herr Newton unter seinem Apfelbaum sicher nicht alleine!

Eigenartigerweise hegen die "Harrenden" oft die Hoffnung, es könne sich auch etwas ändern, wenn man alles beim Alten belässt. Aus dieser Beobachtung heraus haben einige "Meister der Weisheit", wie z. B. George Iwanowitsch Gurdjieff (1866-1949) in ihren Seminaren manchmal einen "Störenfried" eingesetzt, der durch sein Verhalten und seine Fragen die Teilnehmer verwirren sollte und sie so aus dem Schlaf der Selbstgefälligkeit und festgefahrene Denkweisen aufgeweckt hat.

Man muss systematisch Verwirrung stiften –
das setzt Kreativität frei.
Alles, was widersprüchlich ist, schafft Leben.
Salvador Dalí (1904-1989), Künstler

Verwirrung, dieses "Durcheinanderbringen" der gewohnten Denk- und Handlungsformen ist sicherlich ein wirkungsvoller Bestandteil des Zugangs zum kreativen Potential eines Menschen. Doch schaue ich mich um, ist die Welt voller verwirrter Menschen, die nach heilsamen Ordnungen suchen, sei es in der Spiritualität oder Politik, ohne dass daraus kreative Impulse erwachen. Also reicht "Verwirrung" nicht aus, um den Zugang zum kreativen Feld zu öffnen. Es bedarf der Verbindung von Stille und Stillstand im Zusammenspiel mit Klang und Bewegung in mir, um Verwirrung als meinen Geist klärenden "Wegweiser" zur kreativen Intelligenz zu erkennen.

Wie komme ich in diesen Zustand, wie kann ich die Fähigkeit entwickeln, am "Spiel der Kreativität" teilzunehmen?

Kreativ im Sinne von Anschluss an das schöpferische Bewusstseinsfeld können wir nur sein, wenn wir alle vorhandenen Lebenspotenziale –

Körper, Sinne, Fühlen und Denken – entfalten und miteinander vernetzen. Die Kraft, die sich im kreativen Prozess entfaltet, kann so intensiv auf mich einwirken, dass es weise ist, darauf vorbereitet zu sein. Viele Kunstschaffende kennen diesen Zustand, wenn in einem intensiven Schaffen "etwas" durch den Schaffenden hindurch wirkt, das so stark ist, dass es das Gefühl auslöst, Fieber zu haben, nicht "bei Sinnen" zu sein, sondern von der nicht vorher bestimmbaren kreativen Kraft vollkommen erfasst worden zu sein.

Das sind die Momente der wahren Kreativität, in denen der Mensch in Resonanz mit dem Wirken der kreativen Intelligenz steht.

Wir alle haben verfügen über diese Fähigkeit, in Verbindung zu sein mit der sich aus dem kosmischen Spielfeld schöpfenden Kreativ-Kraft.

Manche Menschen finden einen direkten Zugang zu dieser Kraft, sie verfügen ohne besondere Anstrengung über die Gabe, mit ihrem ganzen Wesen im Feld der kreativen Intelligenz zu Hause zu sein.

Für viele Menschen jedoch bedarf es einer bewussten Anstrengung, in die Verbindung zu kommen mit dieser schöpferischen Kreativ-Energie in sich. Es sind leider vor allem Erziehungssysteme und familiäre Gegebenheiten, die das Erwachen und Verwirklichen von kreativer "Eigenwilligkeit" unterdrücken oder nicht fördern. Weise Menschen aus Hirnforschung, Kunst und neuer Pädagogik haben das erkannt und wirken an den Verbindungen mit der kreativen Intelligenz fördernden Modellen des Lernens durch Erfahrung in freien inneren und äußeren Entwicklungs-Räumen.

Kreative Intelligenz äußert sich nicht nur in "Kunst", sie ist besonders in Situationen gefordert, die mit Veränderung und Unsicherheiten verbunden sind, kann sich der nach neuen Lösungen, nach neuen Verwirklichungen einer Idee Suchende nicht auf bestehende Formen, erlernte Techniken, erworbenem Wissen verlassen.

"Kreative Aktion bringt den Himmel auf die Erde.
Sie stellt immer in Form und Ausdruck Bedeutungen her, die 'greifbar' oder 'fühlbar' sind. Doch immer ist es ein Erzeugen einer Bedeutung im Hier und Jetzt."
Ted Matchett (1929-1989), Kreativtrainer und Autor

Es bedarf einiger Voraussetzungen, um in den Zustand des Empfangens und Wahrnehmens eines kreativen Impulses zu gelangen. Dazu gehört, den "Boden", die Grundlagen vorzubereiten, in den die "Kreativ-Saat" fallen und sich entfalten kann. Die Saat eines *Ein-Falls* kann nicht aufgehen, wenn ich mich nicht bereits in dem *Feld* bewege - sei es durch Denken, Nachforschen, Erkunden - aus dem heraus mein Suchen, Drängen nach einer kreative Lösung oder einem kreativen Ausdruck entstanden ist. Arbeitet in mir die brennende Suche nach dem richtigen visuellen Ausdruck für etwas, was mich beschäftigt, werde ich sicherlich nicht plötzlich, als kreative Antwort, eine mathematische Formel vor mir sehen. Es ist also wichtig, in dem Feld zu Hause zu sein, in dem Kreativität sich zeigen und ausdrücken soll.

In diesem Feld zu Hause zu sein beinhaltet auch eine weitere Voraussetzung, um im Zustand des Empfangens und Verwirklichens eines kreativen Impulses zu sein: Ich muss von meinen Fähigkeiten, meinem Können her in der Lage sein, den *plötzlichen Einfall* auch umzusetzen. Technische Fertigkeit, Erfahrung und Kompetenz auf meinem Gebiet sind dazu unbedingt notwendige Voraussetzungen. So kann eine malende Künstlerin/ein Künstler begabt sein, Visionen haben, die richtigen Umstände mögen vorhanden sein. Doch wenn die oder der Kreative die Technik, das Handwerkszeug, nicht beherrscht, wird es dieser Person nicht gelingen, ihre Idee so umzusetzen, dass das Bild auf der Leinwand genau dem entspricht, was sie ausdrücken möchte. Das Gleiche gilt ihrem Fachgebiet entsprechend für Manager, Wissenschaftler, Mathematiker, Schriftsteller, Musiker, Tänzer und anderen Kreativen.

Auch die genialste Kreativität ist leider kein Garant für Anerkennung und Erfolg.

So kann es geschehen, dass die - im Nachhinein betrachtet - revolutionärste Idee des Jahrhunderts zur "falschen" Zeit kommt.

Die Hubschrauber-Entwürfe von Leonardo da Vinci konnten zu seiner Zeit technisch nicht umgesetzt werden. Auch der äußerst Energie sparende Stirlingmotor (Kraftwärme-Kopplung, auch mit Sonnenenergie) konnte im 19. Jahrhundert nicht verwirklicht werden, weil die notwendigen Materialien und Techniken nicht vorhanden waren.

Und dennoch hat kein Erfinder oder Künstler aufgehört, für die Verwirklichung seiner kreativen Einfälle zu leben.

Eine andere Voraussetzung für den kreativen Einfall ist, die richtigen Fragen zu stellen. "Richtig" im Zusammenhang mit kreativer Intelligenz meint nicht die Fragen, die aus kalkulierten Überlegungen und Abwägungen, sondern aus dem brennenden Wunsch nach einer Lösung, einer Idee entstehen. Die richtige Frage wird dann zu einer Art von Schale, die das noch zu reifende Ei schon in sich birgt.

Doch ob und wie und wann dieses "kreative Ei" ausgebrütet ist und sich mir zeigt, unterliegt leider nicht meinem Willen und auch nicht meiner Kontrolle.

"Eine neue Frage aufzuwerfen, neue Möglichkeiten oder alte Fragen aus einem neuen Blickwinkel zu betrachten, erfordert kreative Vorstellungskraft und kennzeichnet wirklichen Fortschritt in der Wissenschaft."
Albert Einstein

Kreatives Nichts-tun, das in mir freie Räume öffnet, die leergefegt sind von Denk-Müll, ist eine andere wichtige Voraussetzung für Kreativität. Über etwas zu grübeln und in Worten, Begriffen über ein Problem nachzudenken, erzeugt fast immer den Zustand, sich im Kreis zu drehen. Worte und eingefahrene Gedankenströme können mich nur mit dem in Verbindung bringen, was bereits in meinem Kopf vorhanden ist. Soll sich etwas ganz Neues zeigen, so kann das nur jenseits der Worte und den gewohnten Vorstellungen geschehen: der tonlose Ton, das bildlose Bild.

Ein hilfreiche Übung, sich nicht immer im Kreis der eigenen Gedanken zu drehen, besteht darin, immer wieder bewusst die "Welt" mit "anderen" Augen zu sehen, den vertrauten Blickwinkel zu verändern, sich auf etwas einzulassen, was mir fremd ist.

Für Außenstehende mag der Prozess, der in die Verbindung mit der Kreativität führt, wie Nichtstun aussehen. Auch wenn sie wie aus dem "Nichts" kommt, beruht Kreativität auch auf viel Arbeit, in der Vorbereitung zum Erhaschen des oft nur kurzen Moments des kreativen Einfalls bis hin zur Ausführung.

Dazu gehören auch Durchhaltevermögen, Beharrlichkeit, Disziplin und auch so etwas wie eine *Besessenheit* von dem, was ich verwirklichen möchte, und die Kraft, den Frust über misslungene Versuche zu überwinden.

Angst vor Misserfolg und Zweifel an der Richtigkeit des eigenen Tun sind Bestandteile jeder kreativen Arbeit, weil sie herausfordern und den Willen stärken, das Problem zu lösen, die Idee sichtbar oder hörbar werden zu lassen.

Jeder findet seine eigene Strategie, um mit den richtigen Fragen im Gepäck sich für den entsprechenden Einfall aus dem Feld der kreativen Intelligenz bereit zu machen. Diese Strategie kommt immer dann zum Einsatz, wenn der Geisteszustand zu einem *Vakuum* wird, wenn sich Erschöpfung und Unlust ausbreiten. Welches auch immer die Strategie sein mag, ihr wichtigstes Anliegen wird es sein, sich "Luft" zu verschaffen, die Denk-Arbeit eine Weile ruhen zu lassen. Entspannung, Ruhe, Nichts-Tun sind die Zutaten, um die "Suppe der Kreativität" neu zum Kochen zu bringen. Das haben viele große Firmen auch erkannt und Ruheräume oder "Think-Tanks" für ihre Kreativ-Mitarbeiter eingerichtet.

"Eine Idee, die nicht gefährlich ist,
verdient es nicht, überhaupt Idee genannt zu werden."
Oscar Wilde (1854-1900), Schriftsteller

Mir selber geht es so, dass, wenn ich intensiv an einer Idee arbeite, aber nicht den richtigen Zugang dazu finde, dieser Idee eine Form zu geben, gehe ich lange und ohne Ziel durch den Wald. Dabei läuft unterbewusst die Arbeit an der Problem-lösung weiter, doch mein Denken wird ruhig, verschwindet sogar oft völlig und ich nehme dann nur noch den Wald mit all seinen Klängen in mir auf. Dann geschieht es oft, dass sich ohne Willensanstrengung und ohne Druck sich wieder ein Durchgang in mir öffnet für den Fluss der kreativen Energie. Und manchmal kann ich dann mit Professor Higgins im Film *My Fair Lady* mitsingen: "Mein Gott, jetzt hat sie es!"

"Wahre Kreativität", die aus dem schöpferischen Spiel der Formen entspringt, ist immer verbun-den mit Leidenschaft und einer prickelnden Lust am Erschaffen, einen neuen *Klang* der so vielfarbig tanzenden "Schwester der Weisheit" in die Welt zu bringen! Weisheit beflügelt das kreative Schaffen der Menschen.

Verrückte Weisheit

„Große Weisheit macht sicher und frei,
kleine Weisheit ist Tyrannei."
Dschuang Dsi

Wie kann Weisheit verrückt sein, schreibt man ihr doch - wie auch in diesem Buch – die Kraft zu, das Leben harmonisch und glücklich zu gestalten und tiefe Einsichten in den Sinn des Lebens zu gewinnen? Um neue Einsichten, neue Wege zu finden müssen die ausgetretenen Pfade bisheriger Erkenntnisse und Gewohnheiten verlassen werden. Der Standort muss „ver-rückt" werden, um einen neuen Blick möglich zu machen. Manchmal ist die Narrheit des "schrägen Laufens" und "queren Denkens" der gerade Weg der Erkenntnis.

Für diejenigen, die den Weg der spirituellen Entfaltung eingeschlagen haben, ist nichts mehr "gewöhnlich". Wer diesen Weg einschlägt, ist ähnlich dem Narren auf der Tarotkarte. Der Narr auf der Karte symbolisiert den „Anfängergeist", die Unbefangenheit eines Kindes. Diese "Narrheit" wird in spirituellen Weltanschauungen oft auch als eine "heilige Narrheit" bezeichnet. Das „Heilige" bezeichnet hier die offene Geisteshaltung, die im Sinne von "weit und ganz" keine Möglichkeit ausschließt.

Diese Geisteshaltung war auch dem Apostel Paulus vertraut, der im 1. Korintherbrief (3:18) des Neuen Testaments schrieb: „Wer unter euch meint, weise zu sein in dieser Welt, der werde ein Narr, dass er weise werde." Paulus gehörte der gebildeten Mittelschicht an und deshalb hielten viele seiner Mitbürger die Hinwendung zum damals neuen Christentum für „verrückt". Seit den Anfängen des Christentums gab es die "Narren um Christi willen", die *idiotai* genannt wurden.

Die "Weisheit des Narren" ist in vielen geistigen Weltsichten zu finden.

So bezog sich der Lebensphilosoph G. I. Gurdjieff in seiner „Wissenschaft der Idiotie" auf den Aspekt, dass ein Mensch, der sich auf den spirituellen Weg begibt, ein „Idiot" in zwei Bedeutungen ist. Die Weisen wissen, dass der Idiot nach der Wirklichkeit sucht, die Törichten denken, er oder sie habe den Verstand verloren.

Das Abweichen von der Normalität des Gewöhnlichen zieht sich vielfach durch die Geschichte der spirituellen Wege, Beispiele dafür sind die indischen Avadhutas, die sufischen Majzubs, die „verrückten Wolken" im Zen-Buddhismus oder einige der christlichen Asketen. „Um ihres Ziels der Selbst-Negation willen gaben die frühchristlichen Narren oft ihren ganzen Besitz auf und lieferten sich so gänzlich der Gnade ihres

Gottes aus. Manchmal nahm dieses Aufgeben der ichhaften Persönlichkeit so extreme Formen an, dass die spirituellen Narren für wirklich verrückt gehalten wurden."[3]

Die Zen-Rebellen verließen die Klöster, weil diese einen starren Ritualismus vollzogen, und zogen als Bettelmönche durch das Land. Sie lehrten spontan, kreativ, immer der Notwendigkeit der Situation angemessen. Den "verrückten" Zen-Meistern geht es bei ihrer Unterweisung darum, die Aufmerksamkeit für jeden Augenblick wach zu halten, in der "Geistes-Gegenwart" zu sein. Die Schüler oder Mönche sollten nicht mehr tagelang meditieren oder religiöse Rituale ausüben, weil diese letztlich nur die geistige Faulheit fördern. Die Herausforderung besteht vielmehr darin, aus dieser Gegenwärtigkeit heraus eine Entscheidung zu treffen, die genau jetzt angemessen, richtig ist. Dieses "Jetzt" beinhaltet, dass die getroffene Entscheidung in einem anderen Moment, unter anderen Umständen, durchaus falsch sein kann.

Nicht nur Männern ist die Auszeichnung "verrückt und weise" vorbehalten! In der griechischen Mythologie spielt die Göttin Baubo eine wichtige Rolle: sie ist die Närrin, die durch ihr unbändiges Gelächter, durch Respektlosigkeit und Unverschämtheiten gegenüber Ordnungs-

---

[3] Georg Feuerstein, Heilige Narren, S. 37

mächten Göttinnen und Menschen von Trauer und Depression erlöst und durch Gelächter die Kraft zu neuer Lebenslust erweckt.

Gelebte Weisheit kann von außen gesehen „verrückt" erscheinen, weil sie immer von der Notwendigkeit oder Herausforderung des Augenblicks abhängt. Eine kreative Idee oder eine „weise" Eingebung kommt selten unter „normalen" Umständen zur Geltung, sie wird schnell als unmöglich, "spinnert" oder "verrückt" abgetan. Der berühmte Elektroingenieur Nicola Tesla, nach dem die physikalische Einheit „Tesla" benannt wurde, war ein solch "verrückter" Erfinder. Eine seiner herausragenden Entdeckungen war der Wechselstrom, der sich gegenüber Edisons Gleichstrom durchsetzte, weil dieser für den Alltagsgebrauch praktischer war. Seine Ideen zur drahtlosen Energieübertragung brachte die Mobilfunktechnik und die Fernbedienung hervor, auch wenn er ursprünglich Elektrizität drahtlos übertragen wollte...

Kreativität und Weisheit stehen in gewisser Weise in einem Spannungsfeld, so wie man es von der Verbindung von „Genie und Wahnsinn" sagt. Ein spiritueller Lehrer der „verrückten Weisheit" oder ein kreatives Genie vereinigt oft diese beiden Seiten in sich.

Ist man offen dafür, vom „Geist der Weisheit" berührt zu werden und erfährt man diese Berührung, die willentlich nicht erzeugt werden kann, dann ändert sich nicht nur die Sicht auf das „normale" Leben tiefgreifend, sondern auch das Handeln. Weisheit hat - entgegen der geläufigen Meinung - keine für alle Zeiten gültigen Antworten.

Die kreative Kraft der Weisheit verwirbelt immer wieder aufs Neue innere und äußere Lebenssysteme, ver-rückt sie, stellt sie in Frage.

Damit aber der oder die so ver-rückte Weise in der Lage bleibt, auch das alltägliche Leben bewältigen zu können, haben einige spirituelle Weltsichten Methoden entwickelt, sich bewusst im Körper zu erden. So wurde z. B. in der taoistischen Tradition das Qigong entwickelt, im indischen Tantra der Yoga, und sogar die sexuelle Vereinigung wurde als Mittel der Kanalisierung der „höheren" Energien genutzt. Der Begründer einer "Schule des Augenblicks," der Weisheitslehrer G. I. Gurdjieff, forderte seine Schülerinnen und Schüler durch intensive körperliche Arbeit oder schwierige Tanzformen heraus, in bewussten Kontakt mit dem Körper zu kommen, um die Energien aus der inneren Arbeit in sich verankern zu können.

Wer immer aufgebracht hat, dass ein weiser Mensch der gesellschaftlichen Norm entspricht und ein Vorbild an Tugend ist, hat nichts vom

Wesen der Weisheit verstanden, ist nicht von ihr
berührt worden.

Wenn ein Weiser höchster Art vom SINN hört,
so ist er eifrig und tut danach.
Wenn ein Weiser mittlerer Art vom SINN hört,
so glaubt er halb, halb zweifelt er.
Wenn ein Weiser niedriger Art vom SINN hört,
so lacht er laut darüber.

Laotse

Die Weisheit der Vision

"Der einzig wahre Realist ist der Visionär."
Federico Fellini (1920-93), Regisseur und Schriftsteller

Die Realität visionärer Welten reißt bei uns zu Hause auch nicht beim Spagetti-Essen ab: zu Besuch ist der 16jährige Enkel, beim Mittagessen hört er ziemlich gelangweilt unseren Gesprächen über Kreativität zu - bis das Wort "Visionen" fällt. Interessiert hebt er seinen Kopf aus dem Spagettiberg und fragt: "Kennst Du auch Visionenstaub?" Visionenstaub? Nein, den kenne ich nicht und kann mir auch nichts darunter vorstellen. Entsteht Visionenstaub vielleicht, wenn eine Vision erlischt, in sich zusammenfällt? Die Antwort unseres Enkels fällt äußerst ernüchternd in meinen von Ideen schon funkelnden Vorstellungstopf: "Visionenstaub" ist ein Werkzeug in einem Computerspiel. Immerhin geht es dabei um Verzauberungskunst, irgendwie wird dabei Visionsstaub z. B. aus Rüstungen entzaubert.
Und irgendwie geht es bei "Visionen" auch um eine "Verzauberung", etwas zuvor nicht Gesehenes, Gedachtes, Gewusstes taucht wie aus dem "Nichts" auf und zeigt sich.
Dieser Zaubermantel des Nichts ist der das unvorstellbare vielfältige, eingefaltete Gewebe des Bewusstseinsfelds. Das Nichts birgt in sich alle Mög-

lichkeiten von *Sein* und dessen Erscheinungsformen. Manche dieser Möglichkeiten zeigen sich als die "*Vision* von etwas".

Es wird hoffentlich nie eine zu installierende "App" geben, mit der man sich in das Visions-Potenzial des Bewusstseinsfeldes einklinken kann und je nach Anliegen eine passende Vision präsentiert bekommt...

Ich selber bin es, der Anwendungs-Zauberlehrling, dem die App, die Anwendung zum Kontakt mit dem kreativen Bewusstseinsfeld von Geburt an mitgegeben wurde. Ob und wie ich die Möglichkeiten der Anwendung in mir entdecke und trainiere, ob und wie ich teilnehme am "Spiel der Formen" - das liegt in meiner Entscheidung. Das *Aufwecken* meines kreativen Potentials, die Aufmerksamkeit auf die Entfaltung meiner Intuition sind notwendige Voraussetzungen, die mich in die Bereitschaft versetzen können, Visionen zu empfangen, sie als Visionen wahrzunehmen und von gewöhnlichen Vorstellungen unterscheiden zu können. Es geht um das *Erschauen* von Verborgenem, und diese Schau ist oft verbunden mit einer tiefen inneren Berührung.

Vision ist die Kunst, Unsichtbares zu sehen.
Jonathan Swift (1667-1745), Schriftsteller

Visionen sind etwas anderes als Vorstellungen und Fantasien, und sie sind auch etwas anderes als Träume. Vorstellungen orientieren sich immer an bereits Bekanntem, sonst könnte ich es mir nicht vorstellen.

Fantasien sind eng mit Vorstellungen verbunden, sie sind die von Realitäts-Bedingungen und Realitäts-Voraussetzungen nicht begrenzten Ausschmückungen der Vorstellungen, ähnlich dem glitzernden Gewand des Märchens.

Träume: So viele Philosophen, Psychologen und Hirnwissenschaftler es gibt, so viele Traum-Definitionen gibt es: für einige sind es "im Schlaf auftretende Abfolgen von Vorstellungen, Bildern, Ereignissen, Erlebnissen" (Duden) oder der "Königsweg zu unserem Unbewussten" (Sigmund Freud), für andere ist der Traum lediglich die Verarbeitung von bereits Geschehenem oder ein Vorgang der Reinigung des Gehirns von Eindrücken und Erlebtem. Für manche Menschen und besonders in indigenen Gemeinschaften kann der Traum auch Visionen von noch nicht Geschehenem oder Gewusstem beinhalten.

Drückt jemand dagegen seinen "sehnlichsten Wunsch nach Etwas", zum Beispiel nach einem Häuschen im Grünen aus, dann heißt es oft: "Ich träume davon, dass...."

Auch in dieser Bedeutung findet der Begriff "Traum" seinen Ausdruck.

Wie erkenne ich bei all diesen "Vorstellungs-Möglichkeiten" überhaupt noch eine *wirkliche Vision*, aber möglichst keine Schreckensvision und auch keine technische Multivision?

Menschen in einigen der sich auf die Weltsicht des Schamanismus beziehenden Gemeinschaften haben es leicht: sie gelangen in den Zustand einer Vision durch psychoaktiv wirkende Pflanzen oder durch Askese, wie auch aus der christlichen Kultur bekannt. Ist eine *wirkliche Vision* demnach gekennzeichnet durch bunte Bilder - oder sind diese nicht nur das Produkt einer biochemischen Pflanzenwirkung? Gehirnforschung und Psychologie haben festgestellt, dass innere Bilder dieselben Neurotransmitter ausschütten können wie eine reale körperliche Erfahrung.

Ob sie sich in einem Traum zeigen, in einem schamanischen Ritual oder im Zustand der Ekstase eines christlich Gläubigen oder als "plötzliche Sicht, Einsicht": immer machen Visionen das Unsichtbare sichtbar.

"Etwas" als Vision zu erkennen ist nur möglich in einem Zustand der *Freiheit des Geistes*, in einem Zustand des Losgelöstseins von Wille und Vorstellung. Nur in diesem Zustand ist es möglich, das Feld der subjektiven Befindlichkeit zu verlassen und in der von Absicht freien Verbindung mit dem zeit- und raumlosen Netz einer sich ständig neu schöpfenden Gestaltungskraft.

Visionen aus einem spirituellen Feld unterscheiden sich vor allem durch die Art der Übertragung der Weisheits-Vision ins alltägliche Leben gegenüber anderen Zusammenhänge, in denen der Begriff *Vision* verwendet wird oder sich verwirklicht.

"Visionäre Kunst" - von Hieronymos Bosch bis zu heutigen visionären Künstlerinnen und Künstlern ist sicherlich eine der eindrücklichsten, sinnlichsten Formen, in denen Visionen der Erkenntnis vom Zusammenhang des "großen Seins" erscheinen. Doch Kunst ist nur eine von vielen möglichen Ausdrucksformen dieses Erkennens.

"Zukunftsvisionen" - mehr und mehr finden sich auf den Wirtschaftsseiten der Zeitungen Artikel über "Zukunftsvisionen", doch bedauerlicherweise sind das selten zukunftsweisende Ideen für neue gesellschaftliche Lebenswerte. Von *Zukunftsvisionen* wird meist im Zusammenhang unternehmerischer Zielvorstellung gesprochen.

"Globale Visionen" - wie zum Beispiel vom friedlichen Zusammenleben aller Menschen, finden wachsend in alternativen Lebensformen ihren Ausdruck. Wenn wir es schaffen, die Bedingungen für ein friedliches Zusammenleben in unserem kleinen Lebens-Umfeld herzustellen, können wir eine bewusste "Zelle" im "globalen Zellgewebe" werden - und dadurch auch für den "großen Lebensverbund" etwas verändern - zum Wohle aller Lebewesen.

Visionen, das "plötzliche Erschauen" von zuvor Unerkanntem, geschieht fast immer in Bildern. Offenbar gibt es eine Resonanz unseres Bewusstseins mit dem kreativen Feld, in dem diese visionären Bilder, Muster, Klänge entstehen, sonst wären sie nicht wirksam.

Die Bilder, in denen sich eine Weisheit durch eine Vision mitteilt, sind keine bildhaften Vorstellungen, sondern vermitteln eine Verbindung mit der *anderen* Wirklichkeit, dem kreativen Bewusstseinsfeld. Es ist kaum mit Worten zu erklären, was den Unterschied ausmacht zwischen einem Bild aus meiner Vorstellung - also dem Abbild von etwas bereits Bekanntem - und einer Vision, die als Bild erscheint.

"Wenn Ihr's nicht fühlt, Ihr werdest nicht erjagen
Wenn es nicht aus der Seele dringt."
Johann Wolfgang von Goethe, in "Faust"

Man *weiß* es, erspürt es, wenn ein "Bild" etwas anderes ist als das "Abbild" von etwas.

Das Bemühen, dass ein *Bild* nicht nur als *Abbild* von etwas erscheint sondern eine neue *Sicht, Einsicht* zugänglich macht, ist in der Bild-Kunst ein heikles Thema. Künstlerinnen/Künstler erscheinen mir so etwas wie einen "Zugangs-Bonus" zum kreativen Bewusstseinsfeld erhalten zu haben, können sie doch auf vielerlei Weise ihre Visionen für andere über die Sinne erfahrbar machen.

Wenn ich male, braucht es für mich eine innere Vorarbeit, bis sich das Bild in mir zeigt. Ich spüre oft lange vorher das "Drängen" von etwas in mir, was sich durch meine Bilder zeigen will. Irgendwann *weiß* ich das Bild, und erst dann kann ich beginnen, es durch Farbe und Form auch im "außen" sichtbar werden zu lassen. Meine künstlerische Arbeit ist für mich durch ein tiefes, gefühltes Wissen geprägt, dass die Bilder, die ich male, eigentlich schon *da* sind, im kreativen Bewusstseinsfeld, und dass ich sie durch meinen Zugang zu diesem kreativen Feld und durch meine Art zu malen "vom Himmel auf die Erde" hole.

Zu malen entspricht meinem "Seelenklang", dem Klang meines inneren Seins.

Wenn ich in dieser Verbindung male, bin ich weise. Ich bin dankbar für diese Ausdrucksmöglichkeit meines *Seelenklangs*. Doch welchen "Weisheits-Gewinn" kann jemand erzielen, die keine Künstlerin ist, keine Philosophin, Wissenschaftlerin, Schamanin, Asketin, Heilige?

Jeder Mensch hat einen besonderen *Seelenklang*, der zur Verwirklichung drängt. In veränderten Bewusstseinszuständen, zum Beispiel in tiefer Stille einer Meditation oder dem stillen Erlauschen der Natur, kann das Bild der eigenen Seele aufleuchten und den eigenen Seelenklang hörbar werden lassen. Bin ich bereit für diese innere Berührung, kann sich ein wissendes Erkennen in mir öffnen, eine Vision davon, wie sich mein Seelenklang in meinem Leben durch Handlung verwirklichen kann.

Dieses Erkennen der eigenen Lebens-Vision ist zuerst oft mit einem Schreck und vielen Zweifeln verbunden: "Wie soll ich das machen, diese Vision meines wirklichen inneren *Seins* zu verwirklichen? Bin ich doch im Beruf, in der Familie so eingebunden, dass für das Nachspüren, entwickeln meiner "Seelenklang-Vision" gar keine Möglichkeit besteht...Und auch: "Gehe ich nicht auf einen Ego-Trip, wenn ich das Verwirklichen meines Seelenmusters so wichtig nehme?"

Hilfreich, um die ersten Schritte zum Leben meiner Vision vom "wahren Sein" zu tun und nicht in zweifelnden, verzagenden Gedanken festzustecken kann sein, mich immer wieder zurückzuziehen in die stillen äußeren Räume, die mir wohl tun und mir entsprechen. Dann richte ich meine Aufmerksamkeit darauf, mein *Denken* zu beruhigen, zur Ruhe zu bringen. Atemübungen eignen sich gut dafür. Und dann richte ich meine Aufmerksamkeit auf das Gefühl, dass die Begegnung mit meinem *Seelenklang, das Seelenmuster,* in mir ausgelöst hat. Ich versuche, diese Empfindung wie eine Nährlösung durch meinen Atem in alle Zellen fließen zu lassen - und vielleicht löst sich dabei auch ein hörbarer Klang aus mir heraus. Sich selbst erlauschen. Daraus kann eine Kraft erwachsen, die mein Streben danach, meine "Seins-Vision" zu leben, stärkt und mich dabei unterstützt, mein Leben in Einklang mit meiner Vision zu gestalten. Das gelingt dann am besten, wenn ich mich immer wieder in den Zustand der Resonanz mit dieser Kraft bringe und bereit bin, dass sie sich jenseits meiner persönlichen Wünsche und Vorstellungen in meinem Leben verwirklicht, das alles ganz anders als erwartet sein kann.

Das Samenkorn der persönlichen Lebensvision schlummert in jedem Menschen und wartet darauf, sich im Bewusstsein so entfalten zu können, dass es im Leben Früchte tragen kann. Auch wenn es manchmal ein langer Weg ist, bis sich die Vision entfalten kann, dringt sie doch auch in der "Schlummerphase" immer wieder für kurze Momente an die Oberfläche des Wachbewusstseins. Diese Momente gilt es zu möglichst bewusst zu bemerken und ihnen Aufmerksamkeit zu schenken, denn es ist die Aufmerksamkeit, die die Kraft meiner *Seins-Vision* nährt, mich meinen Seelenklang wahrnehmen lässt, mehr und mehr.

Die Bewältigung des alltäglichen Lebens macht es manchmal schwer, sich dabei an der eigenen *Seins-Vision* zu orientieren, oft erscheinen auch Lebens-Visionen anderer Menschen verlockender als die eigene. Dieses Vergleichen und Werten meiner Seins-Qualität mit der von anderen erzeugt oft Reibung und eine noch größere Unzufriedenheit mit mir. Doch das muss nicht heißen, die eigene Vision zu verlieren - es kann auch herausfordern, die Seelenstärke zu entfalten die wir brauchen, um unser Leben im Einklang mit dem allgemeinen und persönlichen Bewusstseinsfeld zu gestalten. Immer wieder geht es dabei um die bewusste Entscheidung für eigenständiges Denken und Handeln in Übereinstimmung mit der Seins-Vision, dem eigenen Seelenmuster. Das beinhaltet eine Anstrengung, erfordert "Wach-Sein".

Visionen fordern dazu heraus, wach zu sein, aufzuwachen in meine Wirklichkeit, die Wirklichkeit meiner Seins-Vision.

„Jeder von uns hat die Fähigkeit, Visionen wirklich werden zu lassen. Manche bewirken dies in einem kleineren Bereich, andere in einem größeren. Die wichtigste Erfordernis dafür ist die Qualität, die wir als Entscheidung, Engagement und Willenskraft beschreiben."
John G. Bennett

Es gibt Augenblicke im Leben, in denen wir bemerken, dass unser Handeln vollkommen in Einklang mit unserem inneren Wesen, unserem Seelenklang ist. In diesem Augenblick verschwindet das „Ich-Gefühl" und es entfaltet sich in mir ein Gefühl des Glücks und der inneren Seligkeit. In der indischen Philosophie wird dieser Zustand als *Sat-*

Chit-Ananda bezeichnet: Sein-Bewusstsein-Seligkeit. In diesem Zustand ist das, was wir tun, nicht geteilt in eine Absicht, die in einem Augenblick entsteht, und in eine Handlung, die zu einem anderen Zeitpunkt ausgeführt wird. Dieses "vollkommene Handeln" ist der Seinszustand, in dem man ein Ganzes ist und es keine Unterscheidung gibt zwischen ‚ich tue es' und ‚es tut mich'. In diesem Augenblick wissen wir, dass alles, was wir gerade tun oder vorhaben „richtig" ist, in Einklang mit unserem Lebensfeld. In diesem Moment korrespondiert unsere innere Lebens-Vision mit dem äußeren Leben, ohne dass wir uns anstrengen müssen. Die Kraft unserer Vision trägt uns und gibt uns die notwendige Energie, die wir brauchen, um nicht vom Wirken der Wirklichkeit getrennt zu sein, in diesem Glückszustand sind keine Grenzen mehr gesetzt. Und wenn etwas „wirklich richtig" ist, nützt es nicht nur uns selbst, sondern allem Lebendigen.

Die Seele "weit" werden lassen, den Geist "wehen" zu lassen sind nicht nur poetische Metaphern, sondern sind in Visionen und durch Visionen erlebbare Wirklichkeiten, die in den Zustand lächelnder Gelassenheit führen können: Weisheit!

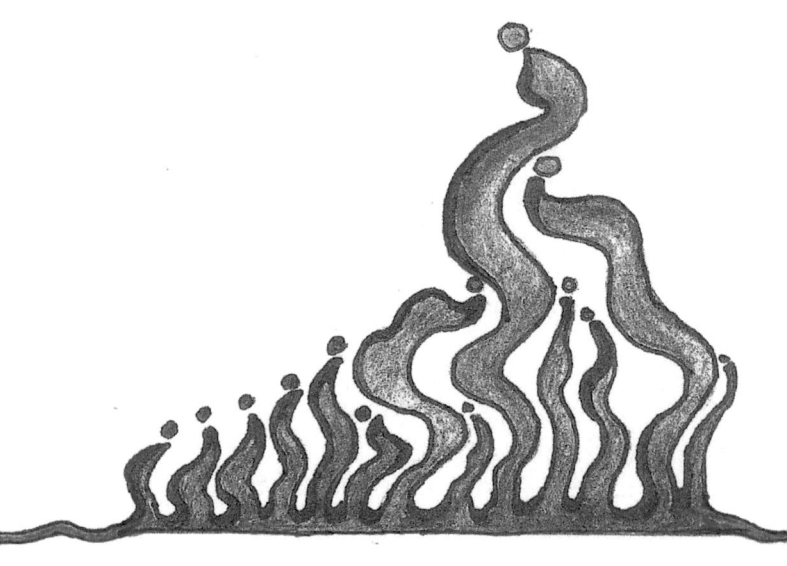

Das Herz der Weisheit

"Der Mensch sollte alle seine Werke zunächst einmal in seinem Herzen erwägen, bevor er sie ausführt."
Hildegard von Bingen

Es ist uns bekannt, dass sich die altehrwürdige Philosophie mit Weisheit beschäftigt - bedeutet doch Philosophie "Liebe zur Weisheit."
In einigen der alten Kulturen wurde Weisheit nicht mit Wissen, sondern mit einem offenen Herzen gleichgesetzt, und für etliche spirituelle Gemeinschaften gilt das heute immer noch.
Dass der Aspekt der Verbindung von Weisheit nicht nur mit "Hirn", sondern auch mit "Herz" in den Brutstätten zeitgenössischer Technologie eine Rolle spielt, ist - falls das so ist - in den auf Profitmaximierung ausgerichteten Weisheits-Seminaren großer Konzerne nicht leicht erkennbar.
Die meisten Arbeitsbedingungen in großen Firmen lassen kaum Raum zur *Stille*, zum *Nach-Sinnen* zu, einer der grundlegenden Voraussetzungen zum *Erspüren* von Weisheit. Auch wenn die Anzahl der Ruheräume für leitende Angestellte wächst und vermehrt Meditations- und Kreativitätskurse angeboten werden, lautet doch im Berufs- und auch im Privatleben die Frage immer öfter: "Was wird von mir erwartet?" - und nicht: "Was erwartet mein Leben von mir?" "Was ist mein Lebens-Sinn?"

Noch mehr verwundern kann der Umgang mit dem Wissen um die Bedeutung von *Weisheit* in den so genannten Welt-Religionen. Ob Buddhismus, Christentum, Hinduismus, Islam, Judentum, Schamanismus, Taoismus - ihre Traditionen sind voll von Weisheitssprüchen, Weisheitsgedanken. Doch dieses oft beeindruckende Wissen über Weisheit hat anscheinend kaum Einfluss auf die politischen und sozialen Realitäten der Länder, in denen diese Religionen oder andere Glaubensvorstellungen verwurzelt sind.

Warum ist es so schwer, Weisheit nicht nur in der Abgeschiedenheit von Klöstern und Tempeln, sondern im alltäglichen Leben zu leben?

Diese Frage und somit die Sehnsucht nach Weisheit im eigenen Leben bewegt immer mehr Menschen weltweit, mit unterschiedlichen Ansätzen - Wissenschaft, Philosophie, Spiritualität - aber mit dem gleichen Fokus *Weisheit*.

Davon zeugen auch internationale Weisheits-Konferenzen, die ohne die Ausrichtung auf Profitmaximierung Einblicke in das Feld der Weisheit vermitteln und zum Erkennen und Leben der eigenen Weisheit anregen wollen.

Im Rahmen der Konferenz "2013 Wisdom 2.0" in San Francisco traf Jon Kabat-Zinn die einfache und treffende Aussage: "Weisheit ist irgendwie ein Mysterium."

Diese Aussage nähert sich dem Wesen der Weisheit zutreffend an, denn Weisheit ist nicht durch einen Begriff definierbar, sie umfasst viele Aspekte und ordnet sich keiner festgelegten Denkweise unter. Ja, Weisheit ist ein Mysterium, "ein geheimnisvolles, mit dem Verstand nicht ergründbares Geschehen" *(Duden)*.

Die Spur der "Sucher nach Weisheit" lässt sich bis in die Frühzeit unserer Menschheitsgeschichte nachvollziehen. Diese geistige Spur führt in unser heutiges, durch all die Sucherinnen und Sucher mit Weisheits-Samen gefülltes geistiges Feld. Aus einigen dieser Samen sind Aspekte gewachsen, die als "Wegmarkierungen" dienen können auf Suche nach Weisheit.

Diese Aspekte oder Qualitäten, die wir erlangen können, fordern ein bewusstes Lernen heraus, das zum Erkennen, Verstehen und Verwirklichen von "Weisheit" im eigenen Leben führen kann:

- o sich des gegenwärtigen Augenblicks bewusst sein
- o präsent sein im Augenblick
- o Aufmerksamkeit auf die innere Wahrnehmung im Augenblick
- o Achtsamkeit im Denken und Handeln
- o Entscheidungsfähigkeit, Unterscheidungsfähigkeit
- o Mitgefühl allen Geschöpfen gegenüber

- o Liebe ohne Zweckgebundenheit
- o Toleranz im Denken und Handeln
- o einen Lebens-Sinn erkennen
- o bereit sein, die Suche nach Weisheit als einen lebenslangen Weg anzunehmen

Einige dieser Aspekte, besonders die Achtsamkeit und die Liebe, verbinden uns mit den "alten" Weisen wie Lao-Tse, Buddha, Platon, Rabija, Rumi aber auch mit "neuzeitlichen" Weisen wie Hildegard von Bingen, Johann Wolfgang von Goethe, Vivekananda, Mira Alfassa, Sri Aurobindo, Jiddu Krishnamurti, Rudolf Steiner, G. I. Gurdjieff, Felicitas Goodman und vielen anderen hier nicht genannten.

Es ist nicht leicht, den "Notwendigkeiten unserer Zeit" gerecht zu werden und zusätzlich zu den alltäglichen Lebensherausforderungen die oben genannten Aspekte und alle Sinne zu trainieren, um in die bewusste Verbindung mit Weisheit zu gelangen. Sehnsuchtsvoll blicke ich auf die "alten Weisen", die zurückgezogen in Höhlen und Hütten sich einzig und allein dem Nachsinnen von Weisheit hingeben konnten - ohne auf unbezahlte Rechnungen achten zu müssen... Ich zweifele etwas daran, ob diese fast mythischen Weisen wie Buddha oder Rumi auch unter den heutigen Lebensherausforderungen in westlichen Arbeitswelten zu *Weisen* geworden wären. Goethe kann ich mir dagegen auch in heutiger Zeit vorstellen: mit gutem finanziellen Hintergrund, genügend Personal für den "alltäglichen Kram" und hohen Einschaltquoten in Talk-Shows...

Acht bis zwölf Stunden des Tages sind viele von uns heute in berufliche Anforderung eingebunden. Schon eine zwanzigminütige Meditation oder eine andere Entspannungs- oder Aufmerksamkeits-übung täglich kann zu einer zusätzlichen Heraus-forderung werden, die unter Zeit-Druck das Gegen-teil von Stille oder *Entschleunigung* bewirkt: erneu-ten Druck.

Diese Frage würde ich den Herren Zen und Buddha stellen - und sehr gerne auch der Frau Hildegard: Wie mache ich das, in meinem Alltag die Aspekte der Weisheit zu trainieren, mich aus dem äußeren Strom der "Ereignisse" zu lösen und dennoch in dieser Welt meine Arbeit zu erfüllen?

Und das, ohne in die Schutzbereiche "Kloster" oder "Höhle zu gehen?

O ja, die genannten Herren haben weise Dinge über Weisheit gesagt und auch so manche gute Praxis-Anregung gegeben, sich durch gezielte Übungen sich dem Trubel des "Alltags" zu entzie-hen und in die Stille zu gehen.

Also müsste ich auch weise werden können, wenn ich im 13. Stock eines der zahlreichen Hochhäuser in einer Großstadt lebe, allein erziehende Mutter von zwei Kindern bin und Hartz IV beziehe.

"Oft hindern die Erscheinungen der Umwelt die Menschen, den Geist wahrzunehmen, hindern persönliche Ereignisse die zugrunde liegenden Prinzipien zu erkennen. Darum versuchen sie, den Erscheinungen, die sie umgeben, zu entrinnen, um den Geist zu befreien... Lass einfach deinen Geist leer werden, dann entleeren sich die Erscheinungen der Umwelt von selbst... Viele haben Angst, ihren Geist leer zu machen. Sie fürchten, in die Leere zu fallen, und wissen nicht, dass ihr eigener Geist die Leere ist... Der Weise enthält sich der Gedanken, nicht aber der Erscheinungen."
Huang-po (Zen-Meister, um 800-850)

Zweifellos ist es einfacher und auch angenehmer, von treuen Schülern gut versorgt in einem Kloster zu sitzen, sich ganz der Praxis und Lehre von Weisheit hinzugeben und als "Weiser" angesehen zu werden als unter den geschilderten Bedingungen im 13. Stock nach Weisheit zu suchen.
Dennoch wage ich zu sagen: ja, das kann ich, denn die Eule ist meine Weisheits-Lehrerin. Sie lehrt mich, in besonders schwierigen äußeren Lebensumständen zu tun, was auch sie tut, wenn sie im Dunkeln sitzt: in die Stille gehen, sich zu konzentrieren, achtsam auf meine Empfindungen zu achten, die Wahrnehmung zu schärfen, zu verändern, zu weiten und aufmerksam in das im inneren

Dunkel Verborgene zu lauschen, die *Erkenntnis-Beute* wahrzunehmen und einzufangen.

Stärkend in schwierigen Schritten auf der Suche nach dem "Königsweg der Weisheit", besonders wenn Zweifel an diesen Schritten und an der eigenen Unzulänglichkeit aufkommen, kann die Besinnung darauf sein, das meine "Lebens-Weisheits-Ahnen" ihr Weisheits-Suchen und Weisheits-Werden in die Intelligenz meiner Zellen und in mein Seelen-Bewusstsein haben fließen lassen. Ich bin in Verbindung damit, wenn ich mich daran "erinnere" und die auch in mir lebendigen *Weisheits-Aspekte* durch das Erinnern aktiviere.

Diese Aspekte sind ein von materiellen Bedingungen unabhängiges "Gut", mein *Weisheits-Gut*. Ein anderer Weg, sich im Bemühen um Weisheit zu stärken ist, sich von der gelebten Weisheit einzelner Menschen inspirieren und leiten zu lassen.

Doch nicht nur in den weisen Worten eines Menschen zeigt sich Weisheit, sie zeigt sich vor allem darin, wie dieser Mensch das lebt, was er sagt.

Mit einer veränderten, wachen Wahrnehmung ist Weisheit auch in Musik, in Dichtung und Kunst und auch in alten Ritualplätzen erkennbar, ohne das auf die "Erschaffer" zu beziehen. Weisheit zeigt sich in den "Dingen", die in Form, Inhalt, Ausdruck *stimmen*. Oft sind diese *Dinge* von Gemeinschaften erschaffen worden, die aus einem gemeinsamen *Geist* heraus gewirkt haben. Vor allem Ritualbauten wie Stonehenge oder Tempel, Pyramiden, Kathedralen und rituelle Wege wie z. B. die Linien von Nasca in Peru zeugen davon.

Weisheit berührt. Versuchen Sie, diese Berührung zu spüren wenn Sie in solchen Bauten stehen oder solche Wege beschreiten - nicht mit kunsthistorischen Augen, sondern mit allen Sinnen, den wahren "Weisheits-Antennen".

Weisheit beinhaltet die Fähigkeit, das Ganze zu sehen und vieles miteinander zu verbinden, Bewusstsein und Leben, Geist und Natur.

Auch im 13. Stock ist es möglich, Wolken und Himmel zu sehen, Bäume und Vögel. Ist das mein Platz, dort im 13. Stock, dann öffne ich ein Fenster, atme die Weite des Himmels in mich hinein, lasse meinen Blick weich werden, halte mit diesem weichen Blick an nichts fest und nehmen mich in der Verbindung mit Himmel und Luft und dem Ort, an dem ich bin, wahr. Irgendwann wird der Zustand einer denk-freien Wahrnehmung von "Welt" in mir und außerhalb von mir eintreten. Dann wird mein Geist "frei wehen" und ich werde in einem "Sandkorn das Universum" erkennen. Diese Empfindung ist auch ein Aspekt der Weisheit. Vielleicht ist Weisheit ja so einfach.

Um eine Welt in einem Sandkorn zu sehen
Und einen Himmel in einer Wildblüte,
halte die Unendlichkeit in deiner Hand
und die Ewigkeit in einer Stunde.
William Blake

Oft zitiert und wohl vertraut ist der Satz von Antoine de Saint Exupéry: "Man sieht nur mit dem Herzen gut. Das Wesentliche ist unsichtbar für die Augen." Lange Zeit in meinem Leben habe ich diesen Satz etwas geringschätzig als "platte Weisheit" oder "Poesiealbum-Eintrag" mit rosa Herzchen versehen beurteilt.

Im Zusammenhang mit der Suche nach Weisheit *verstehe* ich dieses Zitat, ohne die Arroganz einer Beurteilung, im Zustand der staunenden Berührung. Dieser Satz beinhaltet alle wichtigen Aspekte von Weisheit: das Herz, die Sinneswahrnehmung, das Wissen und das Erkennen. Und er weist darauf hin, dass es etwas *Wesentliches* hinter den Erscheinungen gibt und dass dieses Wesentliche nur durch eine "andere" Wahrnehmung erkannt werden kann.

"Weisheit des Herzens" schließt das Wissen mit ein, es besteht ein festes Bündnis zwischen Herz und Hirn. Fehlt einer der beiden "Bündnispartner", ist Weisheit nicht möglich. Weisheit ist gekennzeichnet durch ein ständig neues *sich bemühen* um die Verbindung zu beiden "Bündnispartnern".

Alle Übungen, die in Bezug auf die Aspekte der Weisheit meine Sinne öffnen und sensibilisieren, öffnen und stärken die Verbindung zu meinem inneren "Wissens-Gut". Aus diese Verbindung heraus wächst auch die Fähigkeit zur Unterscheidung und zur Entscheidungsfähigkeit - zwei weitere wichtige Aspekte der Weisheit.

Unterscheiden zu können, was "richtig" ist und was nicht, was "wichtig" ist und was nicht, schafft druck-freie innere und auch äußere Räume, bewusste Zeit-Räume. Dann kann ich entscheiden, womit ich meine Zeit-Räume fülle - und manchmal fülle ich sie mit Leere.

"Das Viele muss verschwinden,
damit die Fülle aufgehen kann."
Karlfried Graf Dürckheim (1896-1988),
Psychotherapeut, Zen-Lehrer

Dann kann ich auch entscheiden, welche Methode mir entspricht, um in den Zustand der Leere, der Ent-Spannung, der Zentrierung zu gehen. Nur weil fast alle Buddha-Figuren sitzend dargestellt sind heißt das nicht, dass Buddha nicht auch *in Bewegung* in Weisheits-Erkenntniszustände gelangt ist! Zu dieser weisen Einsicht bin ich gekommen, als ich ohne Denken, nur im *Tun* versunken die Frühlingserde im Garten durchgeackert habe und den Gesang der Vögel in meine

Zellen habe fließen lassen. Auf einmal *wusste* ich, worum es geht: das zu sein, was ich tue. Das zu leben, was ich bin. Und was ich bin, davon habe ich etwas gespürt, als mein Denken aufhörte und meine Hände in der Erde waren und das Singen der Vögel in mir war. Dieser Moment des *Wissens*, des *Erspürens* ist zeitlich meist nur ein kleiner Moment, aber er trägt mich lange durch die Zeit, in der die oft nervigen Alltags-Anforderungen meine Aufmerksamkeit verlangen.

Die "Weisheit der Alten" geht Hand in Hand mit unserer heutigen Weisheit und ihre "Hände" öffnen die Türen zu einem neuerlichen Erkennen der Lebensqualität Weisheit. Die Vielfalt der heutigen Wegweiser zum Lebensziel "Weisheit" spiegelt die wachsende Bereitschaft der Menschen unserer Zeit wieder, sich weiser, für viele Menschen begehbarer Seins-Wege bewusst zu werden und weise Entscheidungen zum Wohle vieler zu treffen.

In Salomos Sprüchen im Alten Testament steht ein Absatz (8, 22-31), in dem die Weisheit von sich selbst berichtet: "Sie war beim Schöpfer, als die Welt erschaffen wurde, von Freude erfüllt über sein Werk, sie sah ihn Himmel und Erde formen, entzückt vor ihm spielend und blieb schließlich, um bei den Menschen zu verweilen."

Welch eine berührende Vorstellung, dass die Weisheit aus Freude heraus bei uns Menschen geblieben ist und uns mit ihrer Freude erfüllen will!

Weisheit ist in diesem Sinne eine intelligente Schöpfungskraft, die nicht nur die Erschaffung der Welt beflügelt hat, sondern die uns Menschen zu einem kreativen, mit Freude erfüllten Dasein inspirieren kann.

Diese Inspiration kann die Sinne zum Erkennen der Weisheit des eigenen Seins öffnen und beflügeln: bewusst im Leben zu leben.

Weisheit ist eine Bewegung des Geistes aus dem Herzen heraus, ein immer wieder neues Suchen, ein immer wieder neues Werden und immer wieder neu das Bemühen, bewusst die eigene Weisheit zu leben, weise zu sein im "Sein".

Weisheit - wozu ist sie nütze?

Ach, wie war es doch "früher", in den Welten der Mythen und Märchen so einfach, in den Besitz von Weisheit zu gelangen! Man musste nur im Besitz der "goldenen Gans" sein - und schon war man im Besitz des größten Lebens-Schatzes: Wissens und Weisheit. Und wozu die "goldene Gans" gut war, das war auch eindeutig und klar: sie war dazu nützlich, ein "gutes Leben" führen zu können.

Selbst wenn ich heute eine Buchidee in Form einer goldenen Gans einem Verleger präsentieren würde und noch keine Bestseller-Autorin wäre, so würde die erste Frage eines Verlegers an mich lauten:

„Welchen Nutzen hat dieses Buch für die Leserin, den Leser?" Bei einem Kochbuch ist der Gebrauchswert leicht ersichtlich: man kann die Rezepte nachkochen und das Essen aufessen. Wenn es aber um eine Qualität wie „Weisheit" geht, die man nicht anfassen-, nicht schmecken und nicht riechen kann und die keine Erfolgsgarantie anpreist, wird es schwieriger.

Was also bringt es, Weisheit anzustreben?

In einer alten chinesischen "Wissens-Schatztruhe" fand ich eine Geschichte, die eine Antwort auf diese Frage beinhaltet - auch wenn sie nicht leicht zu erkennen ist:

"Der Meister wanderte zwischen den Hügeln. Da sah er einen Baum, der größer war als alle anderen. Tausend Viergespanne hätten in seinem Schatten Platz finden können.

Der Meister dachte voller Bewunderung: das ist ein besonderer Baum, der ist bestimmt auch besonders nützlich.

Doch als er nach oben blickte, bemerkte er nur krumme und knorrige Zweige, aus denen sich keine Balken machen ließen. Er bemerkte auch, dass die riesigen Wurzeln so ineinander verknotet waren, dass sie nicht einmal für Särge geeignet wären. Und die Blätter schmeckten grässlich bitter und rochen stechend scharf, so dass ihm schwindlig wurde.

Da befand der Meister: Das ist wirklich ein Baum, aus dem sich nichts machen lässt, der zu nichts nütze ist. Dadurch hat er seine Größe erreicht. Das ist auch der Grund dafür, warum der Mensch des Geistes unbrauchbar für das Leben ist."

Heißt das etwa, dass ein Mensch, der die innere Weisheit lebt, das alltägliche Leben nicht bewältigen kann?

Oh nein! Das Gegenteil ist der Fall: die Schlussfolgerung des Meisters erzählt davon, dass die Weisheit keine Quantität ist. Sie ist eine Qualität, die zwar keinen nutzbringenden "Marktwert" hat, aber der entscheidende Schlüssel ist zum Zugang zu einer dem eigenen Wesen entsprechenden, lebens-freundlichen Bewältigung der Herausforderung "Leben".

Oh ja! Es macht für die Lebensqualität einen bedeutenden Unterschied, ob wir bewusst oder nicht bewusst leben. Ob die Aufmerksamkeit nur auf die materielle Optimierung der Lebensbedingungen ausgerichtet ist, oder ob wir das Wesentliche des Lebens erkannt haben: das zu werden, was wir sind. Wir entscheiden, wie wir unser Leben gestalten, welche Qualitäten wir zum Wachstum bringen. Die Qualität "Weisheit" fließt in alle Bereiche des Lebens ein, wenn ich diese Lebens-Quelle in mir entdeckt habe und sie zum Fließen bringe. Mit der Entfaltung dieser Qualität "bereichere" ich nicht nur das eigene Leben, sondern auch das Leben der Menschen in meinem Lebenskreis: das Strahlen der "goldenen Gans" kann Menschengewebe heilsam durchdringen und in ihrem "Sein" stärken.

Auch dem "Meister der Meister" wird es nicht möglich sein, in allen Lebenslagen "wach" und bewusst zu sein, immer achtsam und immer weise zu handeln. Doch ein Mensch, der sich immer wieder von Neuem darauf besinnt, seinem Leben einen Sinn zugeben, sich der eigenen Schwächen bewusst zu sein und sie zu wandeln, die innere Stärke zu entfalten und sich immer mal wieder an die Möglichkeit zu erinnern, mit geistigen Kräfte wie die der Weisheit in Berührung zu kommen, hat „mehr" vom Leben. Diese geistigen Qualitäten machen das Leben „rund", geben ihm die besondere, unverwechselbar eigene Würze.

Der Weise ist nicht gelehrt,
der Gelehrte ist nicht weise.
Der Berufene häuft keinen Besitz auf.
Je mehr er für andere tut,
desto mehr besitzt er.
Je mehr er anderen gibt,
desto mehr hat er.

Laotse

Um selbst zu dieser "Würze", zum biblischen "Salz des Lebens" zu werden, bedarf es keiner Abhängigkeiten von Weltanschauungen oder Gurus.
Wir Menschen verfügen über die Gabe der eigenen Entscheidungsfähigkeit. Leider sind lebensverändernde Entscheidungen leichter zu treffen im Umfeld von gesicherten Lebensumständen. Die Wirklichkeit von Hungersnöten, Kriegen, Krankheiten und mangelnden Bildungsmöglichkeiten schränkt die eigene Handlungsfähigkeit drastisch ein.
Die "Lebenswürze Weisheit" enthält den ihre Qualität bestimmenden "Geschmack" durch bewusste Verantwortung auch für die Lebens-

wirklichkeiten anderer Menschen und Kreaturen
- um deren Handlungsfähigkeiten zu ihrem Wohl
zu verändern.

Erst dann kann das "Mahl unseres Lebens" zu
etwas werden, das uns „wohl bekommt".

Das ist der Weisheit „letzter Schluss":

Möge es allen Wesen wohl ergehen!

Bibliographie

Bennett, John G.: Ein anderes Bild Gottes, Frankfurt 1977

Bennett, John G.: Eine spirituelle Psychologie, Zürich 2007

Bennett, John G.: Transformation, Xanten 2013

Besserman, Perle und Manfred Steger: Verrückte Wolken – Zen-Meister, Zen-Rebellen, Berlin 1999

Binnig, Gerd: Aus dem Nichts – Über die Kreativität von Natur und Mensch, München 1989

Dürr, Hans-Peter: Geist, Kosmos, Physik, Amerang 2010

Dschuang Dsi: Das wahre Buch von südlichen Blütenland, Düsseldorf, Köln 1979

Einstein, Albert: Einstein sagt: Zitate, Einfälle, Gedanken, München 2007

Feuerstein, Georg: Heilige Narren – Über die Weisheit ungewöhnlicher Lehrer, Frankfurt 1996

Khan, Hazrat Inayat: Die Sprache des Kosmos, Den Haag, o. J.

Kükelhaus, Hugo und Rudolf zur Lippe: Entfaltung der Sinne, Wiesbaden 2008

Laotse: Tao Te King, Düsseldorf, Köln 1978

Luther, Martin (Übers.): Die Bibel, Stuttgart 1967

Martin, Bruno: Der Wunderland-Effekt, Norderstedt 2011

Martin, Bruno: Gurdjieff Praxisbuch, Norderstedt 2014, (mit vielen Übungsvorschlägen zur inneren Aufmerksamkeit und Entspannung)

Martin, Bruno: Intelligente Evolution, Norderstedt 2014

Martin, Bruno: Spielfeld Leben - Strategien und Modelle zur kreativen Lebensgestaltung, Norderstedt 2011

Nauwald, Nana: Feuerfrau und Windgesang - Schamanische Rituale für Schutz und Stärkung, Aarau 2010

Nauwald, Nana: Schamanische Rituale der Wahrnehmung, Aarau 2005

Ouspensky, Peter D.: Auf der Suche nach dem Wunderbaren, Frankfurt 2010

Ouspensky, Peter D.: Der Vierte Weg, Saunstorf 2013

Rumi, Dschalal ad-din: Das Lied der Liebe

Wisdom 2.0: Konferenz-Videos, www.wisdom2summit.com/videos